公路低路堤设计指南

Technical Guidelines for Design of Highway Low Embankment

中交第二公路勘察设计研究院有限公司
程　平　吴万平　等编著

人民交通出版社

图书在版编目(CIP)数据

公路低路堤设计指南/程平等编著.--北京 : 人民交通出版社, 2013.4

ISBN 978-7-114-10368-1

Ⅰ.①公… Ⅱ.①程… Ⅲ.①公路—路堤—设计—指南 Ⅳ.①U412.36-62

中国版本图书馆 CIP 数据核字(2013)第 027961 号

公路低路堤设计指南

程　平　吴万平　等编著

人民交通出版社出版发行

(100011　北京市朝阳区安定门外外馆斜街 3 号)

各地新华书店经销

北京市密东印刷有限公司印刷

开本:880×1230　1/16　印张:7　字数:162 千

2013 年 4 月　第 1 版

2013 年 4 月　第 1 次印刷

定价:40.00 元

ISBN 978-7-114-10368-1

前　言

进入21世纪，我国公路建设实现了跨越式发展，随着国家高速公路网的全面实施，环境和资源约束的矛盾更加突出，节约土地和保护环境是公路建设必须优先考虑的问题。为了进一步贯彻落实科学发展观，提升公路设计理念，建设资源节约型、环境友好型公路，需要制定低路堤设计技术规范。根据交通运输部交公路发[2007]378号“关于下达2007年度公路工程标准制修订项目计划的通知”，中交第二公路勘察设计研究院有限公司主编《公路路基优化设计技术指南》(以下简称《指南》)。2009年12月2～3日，交通运输部公路局在武汉召开《指南》送审稿审查会，《指南》名称明确为《公路低路堤设计指南》。

编制组在《指南》编制过程中，针对公路低路堤工程特点与技术难点，通过广泛调研分析工作、室内外验证试验和理论分析，对低路堤设计方法与指标、工程技术措施以及特殊条件下低路堤技术要求等进行了专题研究，分析总结了国内外低路堤高速公路建设经验和相关研究成果，充分考虑了环境因素和汽车荷载对低路堤性能的作用影响，提出了低路堤合理高度、路基典型结构、路基性能指标标准以及防排水体系等；并针对水网区、季冻区和特殊土等地区低路堤的特点，提出了防治路基病害的技术措施，系统地集成了公路低路堤设计技术。

《指南》共11章和1个附录，分别是：1总则、2术语、3低路堤的合理高度与实现途径、4一般地区低路堤、5低路堤防护、6低路堤防排水、7软土地区低路堤、8平原水网区低路堤、9季节性冰冻地区低路堤、10膨胀土地区低路堤、11盐渍土地区低路堤和附录A干湿循环和冻融循环试验方法。

《指南》主要内容如下：

(1)界定了低路堤的定义，提出了确定公路路基合理高度的设计方法，以及实现低路堤的工程技术措施。

(2)提出了考虑环境影响和汽车荷载作用的低路堤设计指标、典型路基结构与适用条件，以及低路堤工程技术措施。

(3)提出了低路堤防排水与防护工程设计原则，防护工程和防排水设施的适用条件与技术要点。

(4)提出了软土地区、平原水网区、季节性冰冻地区、膨胀土地区、盐渍土地区等特殊条件下低路堤设计原则、典型路基结构与适用条件、设计指标及工程技术措施。

请各有关单位在使用中，将发现的问题和修改建议，函告中交第二公路勘察设计研究院有限公司(地址：武汉市经济技术开发区创业路18号，邮编：430056)，以便下次修订时参考。

主 编 单 位：中交第二公路勘察设计研究院有限公司
参 编 单 位：交通运输部公路科学研究院
中交第一公路勘察设计研究院有限公司
中国科学院武汉岩土力学研究所
江苏省交通科学研究院有限公司
新疆交通科学研究院
武汉广益交通科技股份有限公司

主要起草人：程 平　吴万平　廖朝华　庄稼丰　吴立坚　张永岗
姚海林　冯守中　涂胜武　陈晓光　韩志强　李 刚
李章喜　于大涛　李小平　梅仕然　付昭勇　曾 超
卢 正　张嘉翔　吴 莎　罗 安　付 伟　阮艳彬
何 斌

目　　录

1　总　　则

1.0.1　为进一步贯彻落实科学发展观，建设资源节约型、环境友好型公路，使公路低路堤设计符合安全、耐久、节约、和谐的要求，制定本指南。

1.0.2　本指南适用于新建和改建高速公路、一级公路低路堤设计，二级及二级以下公路低路堤设计可参照使用。

1.0.3　高速公路、一级公路设计，应根据沿线地形、地质、水文、航道、道路网及村镇等分布情况，结合项目总体设计与路线设计，统筹考虑高速公路、交叉工程、地方辅道等总体建设规模，通过技术经济综合比选，因地制宜，合理确定路堤高度。

1.0.4　低路堤设计应充分考虑地形地质、环境因素和汽车荷载的作用影响，做好地基、路堤、路面的综合设计。低路堤应具有足够的强度、稳定性和耐久性。

1.0.5　低路堤设计洪水频率应符合《公路路基设计规范》(JTG D30—2004)表 1.0.8 的规定。路堤边缘高度应不低于路基设计洪水频率的水位加壅水高、波浪侵袭高及安全高度。

1.0.6　低路堤设计提倡采用成熟的新技术、新结构、新材料和新工艺。

1.0.7　本指南是对《公路路基设计规范》(JTG D30)的补充和完善，设计中除应满足本指南的规定外，尚应符合国家与行业现行有关标准的规定。

2 术　　语

2.0.1 低路堤 low embankment

填土高度小于路基工作区深度的路堤。

2.0.2 路基临界高度 critical height of subgrade

指在不利季节，当路床土处于干燥、中湿、潮湿和过湿状态时，路床表面距地下水或地表积水水位的最小高度。

2.0.3 路基最小填土高度 minimum filling height of subgrade

路床在不利季节处于中湿状态，并满足公路防洪、防冻和路基工作区要求的路基临界填土高度。

2.0.4 路基工作区深度 workzone depth of subgrade

汽车荷载通过路面传递到路基的应力与路基土自重应力之比小于 0.10 的应力分布深度范围。

2.0.5 平衡含水率 equilibrium moisture content

路基土在自然环境（干湿循环、冻融循环）影响下产生水分迁移，最终趋于稳定的含水率称为平衡含水率。

2.0.6 标准吸湿含水率 standard moisture absorption water content

膨胀土标准吸湿含水率为在标准条件下（温度为 25℃，相对湿度为 60%），膨胀土试样从天然含水率脱湿至平衡后的含水率。

2.0.7 冻结水上升高度 rising height of freezing water

指借助冰冻作用由下向上迁移集聚的地下水上升的距离（即含水率明显增加的高度）。

2.0.8 干湿循环 wetting - drying cycle

在大气环境影响下，路基土产生吸湿—脱湿的周期性反复过程。

2.0.9 冻融循环 freezing-thawing cycle

在大气环境影响下，路基土产生冻结—融化的周期性反复过程。

2.0.10　盐胀 the salt expansion of saline soil

含有硫酸盐的盐渍土,随温度变化而发生体积变化,引起地表松胀和路基路面变形破坏的现象。盐胀程度采用盐胀率表征。

2.0.11　溶陷 melt sinking of saline soil

在土的自重压力或附加压力下,水对盐渍土中可溶性盐的溶解和搬移作用,使地表和路基产生变形的现象。

3 低路堤的合理高度与实现途径

3.1 一般规定

3.1.1 低路堤设计,应广泛收集公路沿线城镇、道路和航道等规划资料,调查落实被交道路的位置、现状、功能、净空要求,相邻道路之间关系,以及航道等级、通航水位和净空标准等。

3.1.2 应根据拟建公路在路网中的位置与功能,综合考虑各种因素,做好项目总体设计,处理好拟建公路与地方道路网、农田水利建设、城镇规划等的关系,合理确定被交道路的交叉形式、通道和辅道的总体布局与建设规模。

3.1.3 应在查明路线走廊带的气象、水文、地形地貌、地质等基础上,合理确定路基最小填土高度,通过不同高度的路基方案技术经济比较,因地制宜,确定低路堤方案的适宜路段。

3.2 低路堤的合理高度

3.2.1 确定路基高度时应综合考虑下列因素:

1 路基设计洪水频率及设计洪水位。

2 相交公路立体交叉与通道净空高度。

3 通航河流的桥下净空高度。

4 中湿状态路基临界高度。

5 路基工作区深度。

3.2.2 被交公路的净空高度应符合《公路工程技术标准》(JTG B01)的有关规定,高速公路、一级公路、二级公路的净高应为5m,三级公路、四级公路的净高应为4.5m。

3.2.3 车行通道、人行通道的净空高度应符合《公路工程技术标准》(JTG B01)的有关规定,农用汽车通道的净高不小于3.2m,拖拉机、畜力车等机耕通道的净高不小于2.7m,人行通道的净高不小于2.2m。

3.2.4 通航河流的桥下净空高度应符合《内河通航标准》(GB 50139)的有关规定,各级通航河流的净高要求见表3.2.4。

表3.2.4 天然和渠化河流水上过河建筑物通航净高要求

航道等级	净高(m)	代表船舶、船队
Ⅰ	24.0	4排4列
	18.0	3排3列,2排2列
Ⅱ	18.0	3排3列,2排2列
	10.0	2排1列
Ⅲ	18.0	3排2列(长江)
	10.0	3排2列,2排2列,2排1列
Ⅳ	8.0	3排2列,2排2列,2排1列,货船
Ⅴ	8.0	2排2列
	8.0或5.0▲	2排1列,货船
Ⅵ	4.5	1拖5
	6.0	货船
Ⅶ	3.5	1拖5
	4.5	货船

注:▲ 仅适用于通航拖带船队的河流。

3.2.5 路基中湿状态的判别应符合下列规定:

1 应对路基工作区上部、中部、底部的路基土分别采集代表性土样,进行含水率、塑限、液限试验,按式(3.2.5)计算路基土的稠度,并对不同层位的稠度值进行统计,计算平均稠度。

$$w_c = \frac{w_L - w}{w_L - w_P} \tag{3.2.5}$$

式中:w_c——路基土的稠度;

w_L——路基土的液限;

w_P——路基土的塑限;

w——路基土的平衡含水率。

2 应根据路基工作区土的平均稠度,并考虑地表水、地下水的影响,按表3.2.5确定路基的干湿类型。

表3.2.5 路基中湿状态判别标准

土质类型	中湿状态	一般特征
细粒土质砂	$1.20 > w_c \geq 1.0$	路基上部处于地下水或地表积水影响的过渡带区内; 路基填土高度 $h_2 < h_0 \leq h_1$
黏质土	$1.10 > w_c \geq 0.95$	
粉质土	$1.05 > w_c \geq 0.90$	

注:h_0——不利季节路床顶面距地下水或地表积水位的高度;h_1——中湿状态路基临界高度;h_2——干燥状态路基临界高度。

3.2.6 遵循满足路基长期性能要求和节约土地的设计原则，低路堤高度不宜小于路基处于中湿状态的临界高度。其临界高度建议值见表3.2.6。

表3.2.6 路基中湿状态的临界高度参考值(m)

自然区划		临界高度								
		细粒土质砂			黏质土			粉质土		
		地下水	地表长期积水	地表临时积水	地下水	地表长期积水	地表临时积水	地下水	地表长期积水	地表临时积水
Ⅱ	Ⅱ$_1$				2.2			3.0		
	Ⅱ$_2$				2.0			2.6		
	Ⅱ$_3$	1.3~1.6			1.8			2.2		
	Ⅱ$_4$				1.9~2.1			2.1~2.3		
	Ⅱ$_5$	0.7~1.1			1.6~2.0			1.8~2.3		
Ⅲ	Ⅲ$_1$							1.7~2.4		
	Ⅲ$_2$	1.1~1.3			1.7~2.2	1.3~1.7	0.9~1.3	1.9~2.4	1.0~1.9	1.0~1.4
	Ⅲ$_3$	1.1~1.3			1.6~2.1	1.2~1.6	0.9~1.2	1.8~2.3	1.4~1.8	1.0~1.4
	Ⅲ$_4$							1.7~2.4		
Ⅳ	Ⅳ$_1$				1.2~1.3			1.3~1.4		
	Ⅳ$_2$				1.1~1.2			1.2~1.3		
	Ⅳ$_3$				1.1~1.2	0.5~0.6		1.2~1.3	0.6~0.7	
	Ⅳ$_4$	0.7~0.8			1.0~1.2					
	Ⅳ$_5$				1.3~1.4	0.6~0.7		1.3~1.5		
	Ⅳ$_6$	0.7~0.8			1.3~1.5	0.5~0.6		1.5~1.6		
	Ⅳ$_7$		0.7~0.8		1.4~1.5	0.7~0.8				
Ⅴ	Ⅴ$_1$	1.1~1.3	0.9~1.1	0.6~0.9	1.6~2.0	1.2~1.6		1.7~2.2	1.3~1.7	0.9~1.3
	Ⅴ$_2$				0.9~1.1			1.4~1.6		
	Ⅴ$_3$				0.8~1.0			1.3~1.5		
Ⅵ	Ⅵ$_1$	(1.7)	(1.4)	0.3	(1.9)	(1.7)	0.5	(2.0)	(1.8)	0.7
	Ⅵ$_2$	1.1~1.4	0.9~1.1	0.76~0.9	1.65~2.2	1.2~1.65	1.0	1.85~2.3	1.4~1.85	0.9~1.4
	Ⅵ$_3$	(1.7)	(1.5)	0.9	(2.0)	(1.7)	(0.6)	(2.1)	(1.8)	(0.7)
	Ⅵ$_4$	(1.8)	(1.5)		2.0	(1.7)	0.6	(2.2)	1.9	0.8
Ⅶ	Ⅶ$_1$	(1.9)	(1.6)	(0.4)	(1.9)	(1.6)	(0.5)	(2.0)	1.8	0.6
	Ⅶ$_2$				(1.9)	1.4	0.4	(2.1)	(1.6)	0.4
	Ⅶ$_3$	1.2~1.5	0.9~1.2	0.7~0.9	1.75~2.3	1.3~1.75	0.75~1.3	2.0~2.4	(1.6~2.0)	1.0~1.6
	Ⅶ$_4$	(1.6)	(1.4)		(1.6)	(1.4)		(1.8)	(1.6)	
	Ⅶ$_5$	(2.4)	(2.0)	(1.1)	(2.6)	(2.0)	(1.1)	(2.2)	(2.2)	(1.3)
	Ⅶ$_6$				2.4	2.0	(0.8)	(2.5)	2.1	1.1

注：1. 表中的临界高度是指路床顶面至各水位的高度(m)。

2. Ⅵ、Ⅶ区有横线者，表示实测资料较少，有括号者表示没有实测资料，根据规律推算的。

3. Ⅲ$_2$、Ⅲ$_3$、Ⅵ$_2$、Ⅶ$_3$ 资料系甘肃省1984年所提建议值，其他地区供参考。

4. 缺少资料的Ⅱ级区可论证地参考相邻Ⅱ级区数值，并应积极调研积累本地区的资料。

3.2.7 应遵循路基路面协调作用的原则，根据交通量及其汽车荷载组成，通过路面结构与路基填料的综合设计和多方案比选，合理确定路基工作区深度。

3.2.8 确定路基最小填土高度应遵守下列原则：

1 根据公路所在地区气候特征、水文地质、土质特性及汽车荷载，充分考虑路基土在强度与变形方面的要求。

2 综合考虑地表水、地下水、毛细水、盐分、温度等对路基性能的影响，保证中湿状态路基临界高度。

3 充分考虑防洪、通航的要求。

4 在满足立交桥、通道的净空要求前提下，可采用主线下穿相交公路的方案，以降低路堤高度和造价。

3.2.9 应根据路基土分类、预测交通量及其汽车轴载谱，找出路基高度的主要控制因素，在满足公路使用功能要求的前提下，按式(3.2.9)确定路基最小填土高度。

$$H_{min} = \mathrm{MAX}\{(h_{sw} - h_0) + h_w + h_{bw} + \Delta h, h_1 + h_p, h_{wd} + h_p, h_f + h_p\} \quad (3.2.9)$$

式中：H_{min}——路基最小填土高度（m）；

h_{sw}——设计洪水位(m)；

h_0——地面高程(m)；

h_w——波浪侵袭高度(m)；

h_{bw}——壅水高度(m)；

Δh——安全高度(m)；

h_1——中湿状态路基临界高度(m)；

h_p——路面厚度(m)；

h_{wd}——路基工作区深度(m)；

h_f——季冻区道路冻结深度(m)，按本指南9.3.1确定。

3.3 低路堤的实现途径

3.3.1 优化路堤设计高度，实现低路堤公路建设目标，可采用下列技术措施：

1 统筹考虑高速公路与地方道路网的总体设计，调整路网规划，适当归并乡村道路，合理布设分离式立交和通道。

2 优化路线平纵面线形设计，合理选用路线纵断面设计指标。

3 选用能降低桥梁建筑高度的桥型方案和明涵(通道)。

4 设置路基防排水垫层或保温隔热层，降低路堤临界填土高度。

3.3.2 应根据高速公路、一级公路与被交道路的关系，被交道路的功能与等级及其在路网中的作用，进行分离式立交与通道的总体布局设计，遵循既方便居民出行、又避免居民反复穿越高速公路的原则，按下列规定合理调整地方道路网布局：

1 合并地方道路。对于地方道路网较为密集的路段，尤其是同一村庄附近有多条乡村道路时，采用保证主要道路、归并次要道路的办法，适当归并临近的地方道路。

2 改移地方道路。将地方道路就近改移到适合的地点跨越高速公路。

3.3.3 优化路线平纵面线形设计，合理选用路线纵断面设计指标，应符合下列规定：

1 路线纵断面设计宜采用曲线定线法，先确定控制点的凸形竖曲线，再定纵坡及坡长。

2 应根据各控制点的高程，合理选用纵坡坡度与坡长。在满足《公路工程技术标准》（JTG B01）规定的最小坡长前提下，低路堤坡长宜为300～600m，最小纵坡不应小于0.3%，宜取1%～2%。大中桥两端引道设计不宜采用长纵坡，桥上纵坡以2%～3%为宜。

3 在保证平纵曲线配合协调的情况下，应本着降低路堤高度、节省工程造价的原则，因地制宜设置变坡点，线形组合设计应符合《公路路线设计规范》（JTG D20）的相关规定。

3.3.4 布设分离式立交、通道和天桥应符合下列规定：

1 应根据当地村镇和人口的密度与分布特点，结合地方道路网现状和社会经济发展水平，以及未来农村经济发展的需求，合理确定横向通道的结构形式和通道的密度。每公里平均通道数宜为1～2道，上跨高速公路的分离式立交的设置间距宜为2～4km。

2 上跨高速公路的分离式立交与下穿高速公路的通道布设宜采用交错布置，合理搭配通道的跨径。

3 合理选择分离式立交和通道的跨越方式，被交等级公路、汽车和机耕通道宜上跨高速公路，人行通道宜下穿高速公路。

4 合理选择通道的位置。在能有效解决通道积水问题时，可采用下挖式通道，降低通道底面高程；邻河设置的通道，可利用跨河桥的边孔兼作通道；与涵洞相近的通道，可采用通道兼涵的形式将两者合并，减少通道和涵洞的数量。

5 通道宜采用明通道。

6 下挖式通道应优先采用自流排水方式，通道两端出入口处道路纵坡宜设置凸形竖曲线，以减少下挖通道的汇水量。通道不能自流排水时，应根据降雨量因地制宜设置抽水泵站或渗井，排除通道积水。

7 人行天桥的设置应以居民出行的流量和主要方向为依据，并采取有效措施，保障行人交通安全和交通连续性。人行天桥的设置数量应与通道统筹考虑，并根据当地自然条件合理确定人行天桥纵坡、梯道踏步高度与踏步宽度等。

8 地方道路上跨高速公路时，最大纵坡不宜超过3%，城镇范围控制在2.5%以内，凸形竖曲线可用极限指标，以减小跨线桥长度。

3.3.5 合理选择高速公路跨越地方道路的桥梁结构形式，在满足桥下被交叉公路的建筑限界、视距和对前方公路识别、通视、桥梁景观等要求的前提下，宜采用建筑高度低、轻巧流畅的桥梁上部结构形式。当板的跨径大于 16m 时，宜采用预应力混凝土结构。

3.3.6 对于合并、取消地方道路的路段，必要时宜设置辅道工程。辅道宜设置在高速公路两侧 200m 范围内，并根据地方道路网分布及居民出行的需要确定辅道设置形式，即单侧设置辅道和两侧设置辅道。辅道可利用施工便道或现有乡村道路进行改造而成。

3.3.7 当路基中湿状态临界填土高度超过 1.5m 时，可在路基底部设置防排水垫层，减小毛细水上升高度，降低路堤临界填土高度。防排水垫层设计应符合本指南第 7 章的有关规定。

4 一般地区低路堤

4.1 一般规定

4.1.1 新建公路设计之前,应做好全面调查研究、勘察、试验工作,充分收集公路沿线气候、水文、地形地貌、地质、地震、筑路材料等设计资料,查明基底岩土结构分布状况、物理力学性质以及不良地质情况,查明路基填料性质和分布等。

4.1.2 改建公路设计时,应对原有公路路基进行必要的勘探试验,获得路基土的平衡含水率、压实度、抗压回弹模量、CBR、动模量等物理力学性质指标,并收集历年路况资料及路基沉降变形、翻浆、水毁等病害的分布状况与防治措施资料。

4.1.3 应对路基填料、改良土等进行物理力学性质试验,有条件时,宜进行模拟路基土在平衡含水率状态的回弹模量、CBR 值等的测试,评价路基填料的长期性能能否满足汽车动荷载作用的要求,以及确定其用于路基填料的适宜范围。

4.1.4 应在实测汽车轴载谱的基础上,结合工程可行性研究报告等有关预测交通量的资料,考虑公路未来交通发展,论证各种车型的代表轴载,确定汽车荷载等级及其动荷载作用下的路基工作区深度。

4.1.5 低路堤设计应充分考虑环境条件与汽车荷载对路基土长期性能的作用影响,保证低路堤具有足够的强度和刚度,避免路基工作区产生塑性变形;路堤底面的动静应力不应超过地基的容许承载力。

4.1.6 低路堤工后沉降变形应控制在允许范围内,采取必要的处理措施减少路基与桥涵构造物之间、不同地基处理措施衔接处的不均匀变形,满足路面的要求。

4.1.7 低路堤设计应充分考虑水和冰冻对路基的影响,设置完善的防排水系统、隔温保温层和路基防护设施,防治路基病害。

4.2 路基典型结构与横断面形式

4.2.1 考虑环境因素和汽车荷载对路基填料性能的作用影响,高速公路、一级公路低路堤高度不宜小于1.5m。

4.2.2 应根据公路所在地区的气候、水文、工程地质等条件，以及路基工作区深度与路堤高度，因地制宜，选择合理的路基结构和横断面形式。

1 路堤高度小于路基工作区深度时，典型路基结构及适用条件如下：

1）结构1，由路面—路基工作区（路床+翻挖压实处理地基层）组成，如图4.2.2-1所示。适用于无地表积水、地下水位低、毛细水对路床材料影响小、且地基土强度满足设计要求的路段。

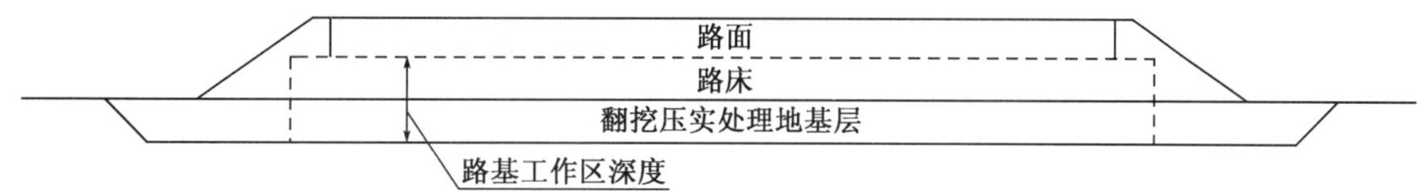

图4.2.2-1 路基典型结构1

2）结构2，由路面—路基工作区（路床+无机结合料处治地基土层）组成，如图4.2.2-2所示。适用于无地表积水、地下水位低、毛细水对路床材料影响小、但地基土强度不满足设计要求的路段。

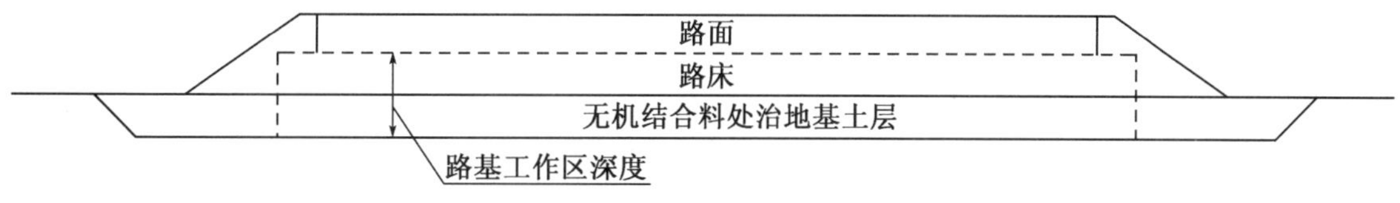

图4.2.2-2 路基典型结构2

3）结构3，由路面—路基工作区（路床+换填砂砾层）组成，如图4.2.2-3所示。适用于砂砾材料丰富、无地表积水、地下水位低、毛细水对路床材料的影响小、地基土强度不满足设计要求的路段。

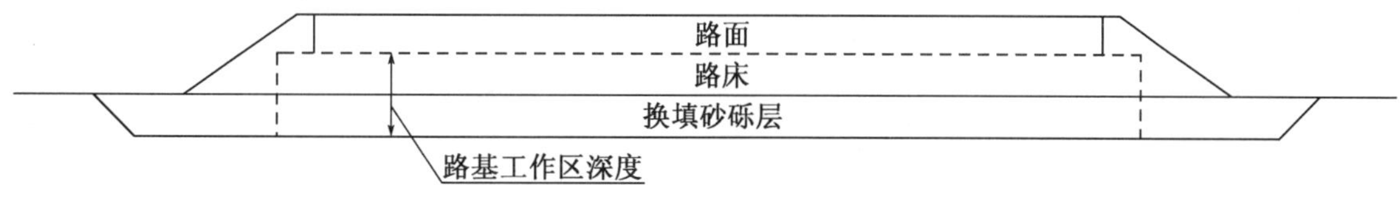

图4.2.2-3 路基典型结构3

4）结构4，由路面—路基工作区（路床+防排水隔离层+地基表层处理层）组成，如图4.2.2-4所示。适用于地下水位高，毛细水上升高度进入路床，对路床材料的性能产生显著影响的路段。

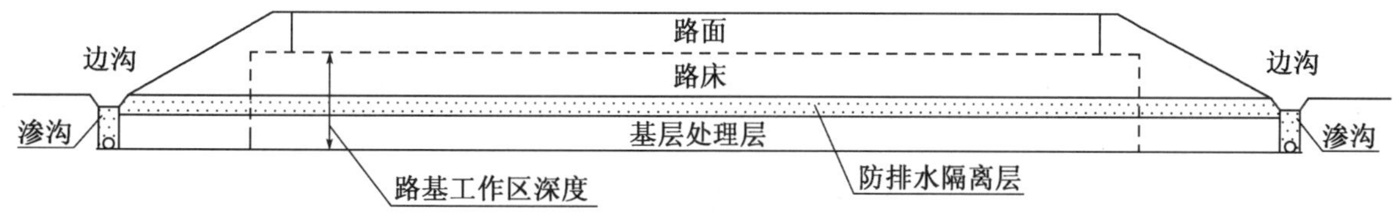

图4.2.2-4 路基典型结构4

2 路基填土高度大于路基工作区深度时，典型路基结构及适用条件如下：

1)结构5,由路面—路基工作区(路床+上路堤)—防渗隔离层组成,如图4.2.2-5所示。适用于地下水位较高的路段。

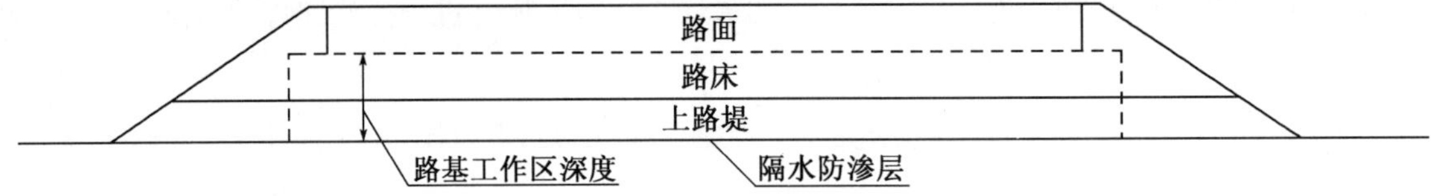

图4.2.2-5 路基典型结构5

2)结构6,由路面—路基工作区(路床+上路堤)—下路堤组成,如图4.2.2-6所示。适用于无地表积水、地下水位低、且无软弱土地基的路段。

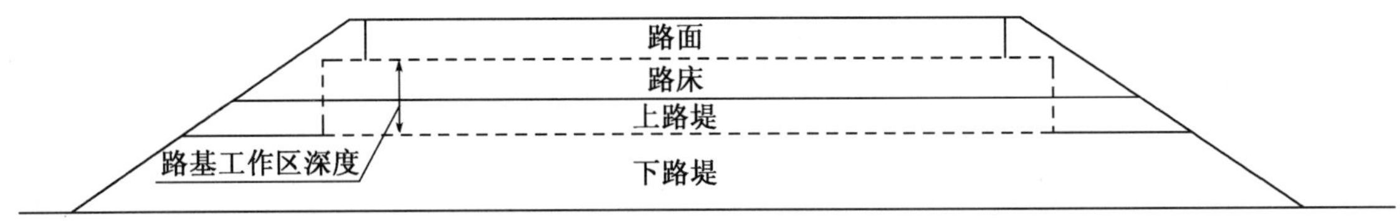

图4.2.2-6 路基典型结构6

4.2.3 雨季滞水及排水不畅的低洼地段,应采用渗水性材料或水稳定性好的材料填筑路基,并应采取必要的排导措施。

4.2.4 低路堤边坡形式与坡率应根据路基填料的物理力学性质、边坡高度、工程地质条件以及土地类别等确定。除农田区外,低路堤宜采用流线型的缓边坡,宜采用表4.2.4建议的边坡坡率。

表4.2.4 低路堤边坡坡率

填料类别	边坡坡率		
	耕地	林地、易林地	戈壁、沙漠
细粒土	1:1.5	1:2~1:4	1:4~1:6
粗粒土	1:1.3~1:1.5	1:2~1:4	1:4~1:6
巨粒土	1:1~1:1.5	1:1.5~1:3	1:2~1:4

4.2.5 耕地、基本农田区的低路堤边坡可采用柔性加筋支护结构,边坡坡率宜为1:0.75~1:1,以节约土地。

4.2.6 低路堤可不设护坡道。

4.3 填料

4.3.1 填料设计应遵守下列原则:

1　路基工作区应具有足够的强度、刚度和耐久性，汽车荷载在路基内产生的应力能得到有效扩散，路床顶面变形量应小于允许变形量。

2　根据公路交通等级和汽车荷载，合理确定路基工作区强度与回弹模量设计指标与控制标准。

3　根据路基强度与刚度设计标准以及填料的性能，通过方案比选，合理选择路基工作区及工作区以下部位的填料。

4.3.2　低路堤强度与刚度设计应符合下列规定：

1　低路堤填料最小强度应符合《公路路基设计规范》（JTG D30—2004）表3.2.1、表3.3.1的规定。

2　重交通、特重交通高速公路低路堤强度与抗压回弹模量设计应满足表4.3.2的规定。

表4.3.2　高速公路路基最小强度和抗压回弹模量要求

路床顶面以下深度（m）		路基最小抗压回弹模量（MPa）		填料最小强度 CBR（%）	
		特重交通	重交通	特重交通	重交通
路床顶面		75	55	—	—
路基工作区	0～0.8（路床）	100	80	20	15
	0.8～1.5（上路堤）	45	30	10	5
1.5以下（下路堤）		25	25	3	3

注：表中抗压回弹模量与CBR指标静态指标，是在路基不利季节（干湿循环或冻融循环后饱和状态）的测试值。干湿循环、冻融循环试验方法见附录A。

4.3.3　路基填料选择应符合下列规定：

1　应根据低路堤不同部位最小抗压回弹模量与最小强度要求，以及沿线土的物理力学性质，合理选择低路堤填料。

2　路床应具有足够的强度和刚度，填料应优先选用级配较好的砾类土、砂类土、碎石土等粗粒土。当砂砾材料缺乏时，应采用处治土。填料最大粒径应小于100mm。

3　上路堤应具有一定的强度和刚度，选用符合强度和刚度要求的填料，其最大粒径应小于150mm。

4　下路堤应具有一定的强度、刚度和水稳定性，选用符合强度和刚度要求的填料，其最大粒径应小于150mm。

5　泥炭土、淤泥土、冻土、强膨胀土、有机土及易溶盐超过允许含量的土等，不得用于填筑低路堤。

6　冰冻地区路床及浸水路堤不应直接采用粉质土填筑。

7　液限大于50%、塑性指数大于26的细粒土，不得直接作为路堤填料。

4.3.4　细粒土用作填料时，应根据土的最佳含水率和平衡含水率，通过试验确定土的压实含水率控制指标。当含水率过高时,应采取晾晒或其他处治措施。

4.3.5 处治土应符合下列规定:

1 物理处治的掺合料可采用砂、砾石、碎石、粉煤灰等,化学处治材料可采用石灰、水泥、化学固化剂等。

2 处治土应通过对比试验确定其最佳处治方案,并提出最佳处治材料、最佳配合比及处治后的强度控制指标等。

3 采用石灰处治细粒土时,宜采用二次掺灰处治方法。

4.3.6 低路堤与桥台、横向构造物(涵洞、通道)连接处宜设置过渡段,过渡段路基填料应选用级配较好的砾类土、砂类土等粗粒土,或者选用处治土,其压实度不应小于96%。过渡段长度宜按式(4.3.6)确定:

$$L = (2 \sim 3)h + (3 \sim 5) \tag{4.3.6}$$

式中:L——过渡段长度(m);

h——路基填土高度(m)。

4.4 地基表层处理

4.4.1 低路堤地基表层应具有一定的强度和刚度,以抵抗汽车荷载传递至路基基底的动应力所引起的变形。

4.4.2 应根据路堤高度及其汽车荷载在路基内传递至基底的应力值、天然地基的土层结构与土的工程特性,确定地基表层土的处理措施和处理深度。

1 路堤高度大于路基工作区深度时,应将地基表层土碾压密实,其压实度(重型)不应小于90%。

2 路堤高度小于路基工作区深度时,应根据地基表层土质强度和地下水位情况,对地基表层土质进行处理:

1)土质强度大于汽车荷载传递至路基基底的应力时,应对地基表层土采取超挖并分层回填压实措施。

2)土质强度小于汽车荷载传递至路基基底的应力时,应对地基表层土采取换填砂砾或土质改良处理措施。若存在软弱地基,宜增设土工格栅或土工格室等土工合成材料,以增加地基表层土的强度和刚度。

3)地基表层土的处理深度应根据路堤高度和汽车荷载在天然地基土中作用深度,按式(4.4.2)确定。

$$h_t = \frac{h \times \sqrt[2.4]{E_{01}}}{\sqrt[2.4]{E_t}} \tag{4.4.2}$$

式中：h_t——地基换填深度或改良土层厚度（m）；

h——汽车荷载在天然地基中的作用深度（m）；

E_t——地基换填材料或改良土的抗压回弹模量（MPa）；

E_{01}——天然地基土抗压回弹模量（MPa）。

4.4.3 地基表层土处理设计时，应充分保护和利用地基表层硬塑状黏质土（俗称“硬壳层”）。当软土地基上“硬壳层”厚度小于1m时，不宜采用挖除表土、换填砂砾或土质改良处理方案。

4.4.4 地下水位埋深小于0.5m的黏质土、地下水位埋深小于1.0m的粉质土地段，低路堤底部应设置渗水性材料的排水垫层，厚度不应小于0.5m；也可采用新型复合防排水土工材料作为防排水垫层。有条件时宜采取降低地下水位的措施。

5 低路堤防护

5.1 一 般 规 定

5.1.1 应根据当地气候、水文、地形、地质条件及自然环境特点，遵循因地制宜、安全耐久、经济合理的原则，采取以植物防护为主、工程防护为辅的综合措施，防治路基病害，保证路基稳定，防护工程应与周围环境景观相协调。

5.1.2 低路堤边坡宜采用草灌结合的植物防护。当坡面冲刷强度超过植物防护的抗冲刷能力时，可采用骨架植物防护，或生态型土工网植物防护。

5.1.3 路线经过受地形、地物限制路段以及基本农田区，必要时可设置支挡工程，路基支挡工程设计应与周围自然环境和相邻建筑物相协调。路基支挡工程设计应符合《公路路基设计规范》(JTG D30)的规定。

5.1.4 低路堤防护设计应充分考虑水对路基的影响，并做好路基边坡防护与路基路面防排水措施的综合设计。

5.2 边坡坡面防护

5.2.1 边坡坡面防护设计，应根据气候条件、路堤边坡高度与坡率、路基填料性质、坡面冲刷强度、各种防护设施的抗冲刷能力、环境保护与水土保持要求等，选用适宜的防护措施。

5.2.2 低路堤边坡坡面防护工程类型及其适用条件宜按表5.2.2的规定选用。

表5.2.2 低路堤坡面防护工程常用类型及适用条件

防护类型	结构形式	适用条件	注意事项
植物防护	种草或喷播植草	土质边坡，坡率缓于1:1.5	
	铺草皮	铺草皮适用于需要快速绿化，且坡率缓于1:1.5的土质边坡	草皮应选择根系发达、茎矮叶茂耐旱草种，不宜采用喜水草种，严禁采用生长在泥沼地的草皮

续上表

防护类型	结构形式	适用条件	注意事项
植物防护	种植灌木	坡率缓于1∶1.5的边坡	树种应选用能迅速生长且根深枝密的低矮灌木类;公路弯道内侧边坡严禁栽植高大树木
	土工网植草	土质边坡,坡率缓于1∶1.25	土工网中的回填土采用客土或土、肥料及含腐殖质土的混合物
	喷混植生或客土喷播	漂石土、块石土、卵石土、碎石土、粗粒土、全强风化岩石、硬质土壤等边坡,坡率缓于1∶1	种植基材应通过配合比试验或小范围工程试验确定; 气候炎热酷暑、蒸发强烈地区不宜采用
骨架植物防护	浆砌片石或水泥混凝土骨架植草	坡率缓于1∶1.0土质边坡;当坡面受雨水冲刷严重或潮湿时,坡度应缓于1∶1.5	当降雨量较大且集中的地区,骨架宜做成截水沟型;截水沟断面尺寸由降雨强度计算确定
	多边形水泥混凝土空心块植物护坡	坡率缓于1∶1.5的土质边坡	多边形空心预制块的混凝土强度不应低于C20,厚度不应小于150mm;空心预制块内应填充种植土,喷播植草

5.2.3 无冲刷环境的桥梁桥台锥坡及其台背路基边坡宜采用骨架植物防护。

5.2.4 植物防护宜采用草灌结合的防护形式,选用适宜当地生长,并具有耐旱力强、容易生长、蔓面大、根部发达、茎低矮、多年生特性的草本植物。树种应采用根系发达、枝叶茂盛、能迅速生长的低矮灌木类,不宜采用乔木。植物防护的最小土层厚度应符合表5.2.4规定,并应结合不同植物对土壤的适用性来确定。

表5.2.4 植物防护最小土层厚度

类别	草	灌木		乔木	
		小	大	浅根	深根
植物生长的最小土层厚度(cm)	15	30	45	60	90

5.3 浸水路堤防护

5.3.1 沿河或受水影响较大的地段宜慎用低路堤,低路堤设计应充分考虑水对路基的影响,确保路基高度满足设计洪水位要求。当受水流冲刷时,应根据河流特性、水流性质、河道地貌、地质等因素,结合路基位置,选用适宜的防护工程类型、导流或改河工程。

5.3.2 冲刷防护工程顶面高程,应为设计水位加上波浪侵袭、壅水高度及安全高度。

基底埋设在冲刷深度以下不小于1m或嵌入基岩内。当冲刷深度较深、水下施工困难时，可采用桩基、沉井基础或适宜的平面防护。

5.3.3 设置导流建筑物时，应根据河道地貌、地质、水流特性、河道演变规律和防护要求等设计导治线，并应避免农田、村庄、公路和下游路基的冲刷加剧。

5.3.4 路堤边坡及河岸岸坡冲刷防护工程类型及适用条件宜按表5.3.4选用。

表5.3.4 冲刷防护工程常用类型及适用条件

防护类型	适用条件		注意事项
	容许流速(m/s)	水流方向、河道地貌	
植物防护	1.2～1.8	水流方向与路线近乎平行，不受各种洪水主流冲刷的季节性漫水的路堤边坡防护	经常浸水或长期浸水的路堤边坡，不宜采用种草防护
砌石或混凝土护坡	2～8	主流冲刷及波浪作用强烈处的路堤边坡	应设置反滤层，厚度不小于0.1m
浸水挡土墙	5～8	峡谷急流地段，水流冲刷严重地段	基础埋深应在冲刷线以下1m，冰冻线以下0.25m
护坦		沿河路基挡土墙或护坡的局部冲刷深度过大，深基础施工不便的路段	
土工膜袋	2 ～3	沿河路基冲刷防护	
石笼	5～6	受水流冲刷和风浪侵袭，且防护工程基础不易处理或沿河挡土墙、护坡基础局部冲刷深度过大的沿河路堤坡脚或河岸	石笼内所填石料，应采用重度大、浸水不崩解、坚硬且未风化石块，粒径应大于石笼的网孔
丁坝		宽浅变迁性河段，用以挑流或减低流速，减轻水流对河岸或路基的冲刷	用于路基防护的丁坝宜采用漫水坝或潜坝，丁坝与水流方向的交角以小于或等于90°为宜
顺坝		河床断面较窄、基础地质条件较差的河岸或沿河路基防护，调整流水曲度和改善流态	顺坝与上、下游河岸的衔接，应使水流顺畅，起点应选择在水流匀顺的过渡段，坝根宜设在主流转向点的上方

5.3.5 季节性河流常水位与设计洪水位之间高差较大时，常水位以下的路基边坡采用圬工防护，常水位与设计洪水位之间的路基边坡可采用骨架植物防护，以改善路容环境。

5.3.6 改移河道时，应根据河流特性及其演变规律，因势利导，慎重对待，并与设桥方案进行技术经济比较。改河起点和终点应与原河床顺接。主河槽变动频繁的变迁性河流或支流较多的河段不宜改河。

6 低路堤防排水

6.1 一 般 规 定

6.1.1 低路堤排水设计应采取防、排、疏相结合的综合措施,设置完善、通畅的排水系统,合理布局排水设施,并与路面、桥涵、地下排水构造等排水设施衔接配合;必要时经充分论证,可采用提高路基填料水稳定性的方法防治低路堤的水损害。

6.1.2 低路堤设计应充分考虑防水措施。根据路基工作区湿度控制的要求,综合考虑气候(干湿循环或冻融循环)、水文、地下水状况、地形地质情况等环境条件,合理布设各种地表与地下防排水设施,并使它们之间相互协调配合,形成综合防排水体系,保证路基湿度满足设计要求。

6.1.3 路基排水设施设计,应与水土保持及农田水利的综合利用相结合。

6.1.4 位于水质敏感区域的路基排水设施设计,应考虑必要的措施,保护水环境。

6.1.5 路基防排水工程应及时实施,施工场地的临时防排水设施宜与永久性防排水设施相结合。

6.2 地表防排水

6.2.1 低路堤地表防排水设施包括边沟、排水沟、急流槽、油水分离池、下挖式通道排水、排水泵站、渗井、蒸发池、防水隔离层等,应结合地形和天然水系进行布设,并做好进出口位置的选择和处理,防止出口堵塞、溢流、渗漏、淤积、冲刷和冻结等现象。

6.2.2 干湿循环或冻融循环影响剧烈、低路堤湿度变化显著时,细粒土路基设计应结合路面结构,因地制宜,采取防水控湿措施,必要时在低路堤路床顶部或路堤底部设置防渗隔离层。

6.2.3 边沟设计应符合下列规定:

1 边沟断面形式及尺寸应根据降雨强度、汇水面积、地形地貌、各种排水设施的泄流能力、以及对路侧安全与环境景观的影响程度等确定,汇水面积较小的路段,宜优先采用浅碟形边沟;汇水面积与流量较大时,宜选用带暗埋管(沟)的浅碟形边沟或带盖板的矩形边沟。排水困难地段应对低路堤边沟进行专题设计。

2 边沟底面最小纵坡不应小于0.3%,以免产生淤积。

6.2.4 排水沟设计应符合下列规定:

1 排水沟适用于将边沟、取土场和路基范围低洼处积水排泄至天然水系的地段。

2 排水沟断面形式及尺寸应结合汇水流量、地形、地质条件确定,并与其他排水设施衔接顺畅,沟底纵坡不应小于0.3%。

6.2.5 当边沟、排水沟的冲刷强度超过表6.2.5所列的明沟最大允许流速,有可能产生冲刷时,应采取必要的防护加固措施,并根据水流流速、冲刷强度和沟壁材料的抗冲刷能力(最大允许流速)、自然环境等合理确定其防护加固类型。应优先选用土质边沟、植草边沟;当边沟、排水沟需防护加固时,宜根据当地材料情况选用片碎石、片碎石+小石笼等间接加固措施,以及水泥混凝土预制块等直接加固措施。

表6.2.5 明沟的最大允许流速

明沟类别	最大允许流速(m/s)	明沟类别	最大允许流速(m/s)
亚砂土	0.8	片碎石(卵砾石)加固	2.0
亚黏土	1.0	干砌片石	2.0
黏土	1.2	浆砌片石	3.0
草皮护面	1.6	水泥混凝土	4.0

6.2.6 蒸发池设计应符合下列规定:

1 气候干旱且排水困难地段,可利用沿线的取土坑或专门设置蒸发池汇集地表水。

2 蒸发池边缘距路基边沟外缘的距离应以保证路基的稳定和安全为原则,湿陷性黄土地区不得小于湿陷半径。池中设计水位应低于排水沟的沟底。

3 蒸发池的容量应以一个月内路基汇流入池中的雨水能及时完成渗透与蒸发作为设计依据。每个蒸发池的容水量应根据蒸发池的纵向间距经水力、水文计算后确定。

4 蒸发池应根据具体情况采取适当的防护加固措施,蒸发池的设置不应使附近地面盐渍化或沼泽化。

6.2.7 油水分离池设计应符合下列规定:

1 水质敏感区的路基排水沟水质不满足《污水综合排放标准》(GB 8978)中的规定时,可设置油水分离池。

2 油水分离宜采用沉淀法处理。污水进入油水分离池前,应先通过格栅和沉砂池。油水分离池的大小应根据所在路段排水沟汇入水量确定,并保证流入分离池的油水能有足够的时间分离或过滤净化。

3 格栅栅条间隙宽度宜为16~25mm,水流过栅流速宜采用0.6~1.0m/s,栅槽宽度按式(6.2.7-1)、式(6.2.7-2)计算确定。

$$B = S(n - 1) + bn \tag{6.2.7-1}$$

$$n = \frac{Q_{max}\sqrt{\sin\alpha}}{bhv} \tag{6.2.7-2}$$

式中:S——栅条宽度(m);

b——栅条间隙(m);

n——栅条间隙数(个);

Q_{max}——最大设计流量(m^3/s);

α——格栅倾角(°);

h——栅前水深(m);

v——过栅流速(m/s)。

4 沉砂池宜采用平流式沉砂池,最大流速应为0.3m/s,最小流速应为0.15m/s,最高时流量的停留时间不应小于30s,宜采用30~60s;有效水深不应大于1.2m,宜采用0.25~1m。

沉砂池长度:

$$L = vt \tag{6.2.7-3}$$

水流断面积:

$$A = \frac{Q_{max}}{v} \tag{6.2.7-4}$$

池总宽度:

$$B = \frac{A}{h_2} \tag{6.2.7-5}$$

池总高度:

$$H = h_1 + h_2 + h_3 \tag{6.2.7-6}$$

式中:v——最大设计流量时的流速(m/s);

t——最大设计流量时的流行时间(s);

Q_{max}——最大设计流量(m^3/s);

h_2——设计有效水深(m);

h_1——沉砂池超高(m),不宜小于0.3m;

h_3——沉砂室高度(m)。

6.2.8 下挖式通道排水设计应符合下列规定:

1 下挖式通道应设置独立、完善的排水系统,排除汇水区域的地面径流水和影响道路功能的地下水。排水设施的布设应与周围其他排水设施相协调。特殊情况下,通道内可设高低分离平台,以满足雨期行人通行。

2　下挖式通道的地表排水径流量计算，宜符合下列规定：

1）设计重现期不小于3年，重要区域标准可适当提高。

2）地面集水时间宜为5～10min。

3）径流系数宜为0.8～1.0。

3　下挖式通道的地下排水量计算，应根据通道下挖深度及所处的水文地质条件，通过渗流分析计算确定。

4　应根据气候条件、天然水系、地形、汇水区域的地表径流量和地下水渗流量，合理确定下挖式通道的排水方式。有条件时，应优先采用自流排水方式。

1）自流排水方式适用于通道底面高于河渠底面常水位的情况。

2）先蓄后排方式是指将不能自排的积水暂存入蓄水池，雨后再排入河渠的排水方式。其适用于通道附近有河渠、修建的出水管较短、汇水面积较小、总水量不超过1000m^3的情况。

3）泵站排水方式，适用于降雨量大、地下水位较高、且通道底面低于河渠底面而无法自排的通道。

4）渗井排水方式，适用于降雨量较大、地下水位低、含水层渗透性好且埋深不超过10m的通道排水。通道内水流进入渗井前，应设置油水分离池，以保护地下水质。

5）蒸发池排水方式，适用于降雨量小、蒸发强度大、地下水位低的通道排水。

6）通道内地下水排泄，可设置渗（盲沟）收集排除地下水，或设泵站排除地下水；也可采取控制地下水进入措施。

6.2.9　通道排水泵站设计应符合下列规定：

1　排水泵站包括格栅、集水池和泵房，水泵抽出的水，应排至路界之外。

2　格栅，栅条间隙总面积宜为进水管有效面积的1.2～2.0倍，过栅流速宜为0.8～1.0m/s，栅后到集水池流速宜为0.5～0.7m/s。

3　集水池：

1）容积应根据汇水量、水泵能力和水泵工作情况等因素确定，最小容积不宜小于一台水泵30s的出水量，宜采用30～60s。

2）集水池有效水深宜采用1.2～2.0m。

4　宜采用干式泵房。

6.2.10　中央分隔带排水设计应根据气候条件、分隔带宽度、绿化要求、交通安全设施的形式、分隔带表面处理方式等合理确定排水方式与排水系统，并与地表排水、地下排水和路面内部排水设施衔接配合：

1　降雨量较小的地区，中央分隔带宜采用铺面封闭防渗的排水方式。

2　降雨量较大的地区，应在中央分隔带设置由纵、横向排水渗沟（管）组成的防排水系统。

3　降雨量较大的地区，高速公路、一级公路超高路段的外侧行车道路面排水不宜采用中央分隔带开口、横向漫流至内侧行车道路面的排水方式，应设置由纵向排水沟、集水井、横向排水管、边坡急流槽组成的排水系统，横向排水管出口应略高于路侧边沟。

6.3 地下防排水

6.3.1 低路堤地下排水系统是低路堤设计的重点，由边缘排水系统、防渗隔离层、排水垫层、防冻层、渗沟等组成，用于控制地下水位、排除路基中的积水、确保路床处于中湿或干燥状态。地下排水设施应与路基地表排水系统和路面排水系统相协调，及时将积水排出路基影响范围以外。

6.3.2 边缘排水系统设计应符合下列规定：

1 边缘排水系统设置在路面与土路肩之间，用于排除路面结构中积水，阻断地下水对路面、路基工作区的影响。

2 边坡排水系统由透水性材料集水沟、纵向排水管、横向排水管和过滤织物（土工布）组成。

3 透水性材料宜采用开级配碎石（砂砾），其孔隙率宜为15%～20%。纵向、横向排水管宜选用土工塑料管材HPPE、PVC等，纵向排水管应设置渗水孔口。集水沟、纵向排水管的纵坡宜与路线纵坡相同，但不宜小于0.3%。

6.3.3 防渗隔离层设计应符合下列规定：

1 当黏质土地段地下水位小于0.5m或粉质土地段地下水位小于1.0m、毛细水可能进入路基工作区时，应在低路堤底部设置防渗隔离层，以阻断毛细水上升对路基工作区的影响。

2 当地下水较为丰富时，防渗隔离层底部宜设置排水垫层，垫层材料宜选用天然砂砾或中粗砂，防渗隔离层铺设在排水垫层中间部位。复合防排水板作为防渗隔离层时，可不设排水垫层。

3 防渗隔离层可选用土工膜、复合土工膜（上下为土工布，中间为土工膜）、复合防排水板，防渗材料的厚度、材质及类型应根据气候、地质条件确定，土工膜的厚度不宜小于0.25mm，耐静水压力不低于0.1MPa。

4 复合防排水板由无纺土工织物、土工网芯（或排水板）、复合土工膜等组成，复合体单位面积质量不低于1 600g/m^2，厚度大于8mm，纵向抗拉强度不低于18.0kN/m^2，横向抗拉强度不低于10.0kN/m^2，导水率大于$1.2\times10^{-3}m^2/s$，无纺土工布法向渗透系数大于0.3cm/s，复合土工膜耐静水压力不低于0.1MPa。

6.3.4 渗沟设计应符合下列规定：

1 当地下水位小于0.5m时，宜在低路堤两侧和中部设置纵向渗沟，以降低地下水位、提高路基强度。

2　渗沟形式包括盲沟式渗沟、管式渗沟和洞式渗沟，应根据地下水高程、地下水位需下降的深度、渗流量及含水层介质的渗透系数等确定渗沟形式。必要时可设置网格状渗沟。

1）盲沟式渗沟，适用于渗流量不大，渗沟不长的地段。

2）管式渗沟宜设置在地下引水较长的地段，渗沟过长时，应将纵向渗沟沟内的水流，迅速分段排除。

3）洞式渗沟适用于地下水流量较大的路段，其洞口大小可按设计流量而定。

3　渗沟材料应采用筛选洗净的砂砾、粗砂、碎石、片石、或无砂混凝土，其中小于0.15mm的颗粒含量不得大于5%；坑壁应设置透水土工织物或中粗砂反滤层；渗水管应选用带孔的HPPE、PVC、PE管，软式透水管，无砂混凝土管等。

4　盲沟式渗沟最小纵坡不宜小于1%，无砂混凝土渗沟、管式及洞式渗沟最小纵坡不宜小于0.5%。渗沟出口段宜加大纵坡，出口处宜设置栅板或端墙，出水口应高出地表排水沟槽常水位0.2m以上。

5　渗沟的排水孔（管），应设在冻结深度以下不小于0.25m处。在严寒地区，渗沟出口应采取防冻措施。

6.3.5　渗井（池）设计应符合下列规定：

1　适用于降雨量较大、地下水位低、含水层渗透性好且埋深不超过10m的下挖式通道排水。通道内水流进入渗井前，应设置油水分离池，以保护地下水质。

2　下挖式通道渗井排水系统由集水井、横向排水管（沟）、油水分离池、渗井（池）等组成。

3　渗井由上部集水井与下部渗透井两部分组成，渗井大小应根据下挖式通道的排水量通过水力计算确定。渗井结构材料宜采用钢筋混凝土或波纹管，井的四周设置反滤层，渗井下部选用筛选洗净的砂砾、片碎石等充填，其中小于0.15mm的颗粒含量不得大于5%，井底应进行封闭处理。

7 软土地基低路堤

7.1 一 般 规 定

7.1.1 应调查收集沿线的气象、地形地貌、工程地质、水文地质、地震等资料，按照《公路工程地质勘察规范》（JTJ 064）有关规定，采用地质调绘、钻探、物探和原位测试相结合的综合勘探方法，查明沿线“硬壳土层”和软土的分布范围、成因类型、物理力学性质、横坡度以及地下水分布等，进行物理力学指标统计与分析，为设计提供可靠的软土物理力学性质指标。

7.1.2 路线应绕避厚度大、分布广的软土地区；若无法绕避时，宜选择在硬壳层较厚、软土厚度较小及斜坡较缓的地段。

7.1.3 应充分考虑汽车荷载引起路基和地基土产生的塑性变形。当路基稳定性和沉降变形不能满足要求时，应进行相应的地基处理设计。

7.1.4 应根据气候、水文、工程地质等条件，做好软土地基、低路堤、路面结构的综合设计，合理确定低路堤结构、强度与刚度设计指标。必要时宜适当提高低路堤强度和刚度，以减少汽车荷载对软土地基变形的影响。

7.1.5 软土地基处理设计，应结合低路堤强度和刚度设计优先考虑浅层处理措施，并充分保护和利用地基表层的“硬壳层”。

7.2 软土地基路堤稳定与变形计算

7.2.1 当路堤高度超过软土地基的极限填土高度、或地基存在临空面、或软土层底部存在较大的横坡时，应进行软土地基路堤稳定性检算。稳定性检算可采用有效固结应力法、改进总强度法，有条件时应优先采用简化毕肖普法和简布法。

7.2.2 软土地基处治设计包括稳定处治设计和沉降处治设计，当计算的稳定安全系数小于表 7.2.2-1 规定时，应针对稳定性进行处治设计；当路面设计使用年限内的残余沉降（简称工后沉降）不满足表 7.2.2-2 的要求时，应针对沉降进行处治设计。

表 7.2.2-1　稳定安全系数

指　　标	固结有效应力法		改进总强度法		简化毕肖普法 简布法
	不考虑固结	考虑固结	不考虑固结	考虑固结	
直接快剪	1.1	1.2			
静力触探、十字板剪			1.2	1.3	
三轴有效剪切指标					1.4

注：当需要考虑地震力时，稳定安全系数折减 0.1。

表 7.2.2-2　容许工后沉降

道 路 等 级	工 程 部 位		
	桥台与路堤相邻处	涵洞、通道处	一般路段
高速公路、一级公路	≤0.10m	≤0.20m	≤0.30m
二级公路	≤0.20m	≤0.30m	≤0.50m

7.2.3　地基沉降计算应符合下列规定：

1　软土地基低路堤总沉降量由四部分组成：

$$S = S_d + S_c + S_s + S_p \tag{7.2.3-1}$$

式中：S_d——瞬时沉降；

S_c——主固结沉降；

S_s——次固结沉降；

S_p——汽车荷载作用下软土地基变形。

2　计算行车荷载引起的低路堤软土地基残余变形可采用拟静力法。将汽车荷载换算为等待土柱高度，计算残余变形时，不考虑地基的瞬时沉降和次固结沉降。

$$S_p = S_{cd} - S_{ci} \tag{7.2.3-2}$$

式中：S_{cd}——汽车荷载与低路堤自重应力共同作用下，汽车荷载在地基影响深度的固结沉降；

S_{ci}——低路堤自重应力作用下，汽车荷载在地基影响深度的固结沉降。

3　当路堤高度超过 3m 时，可不考虑汽车荷载引起地基土的塑性变形。

4　瞬时沉降、主固结沉降、次固结沉降按《公路路基设计规范》（JTG D30）有关规定计算确定。

7.2.4　汽车荷载引起地基土塑性变形的影响深度，宜取 3 ~ 8m。汽车荷载大、路堤高度小，取大值；反之，取小值。

7.2.5　路堤静荷载作用下的地基沉降计算时，压缩层底面应在附加应力与有效自重应力之比不大于 0.15 处。

7.2.6 低路堤软土地基工后沉降控制设计时，应充分考虑汽车荷载作用下地基土的塑性变形发生于通车之后的特点，路堤静荷载作用下软土地基工后沉降量应符合下列要求：

$$S_g \leqslant [S] - S_p \tag{7.2.6}$$

式中：S_g——工后沉降；

$[S]$——工后容许沉降，按本指南表 7.2.2-2 确定；

S_p——汽车荷载作用下软土地基变形。

7.3 软土地基处理

7.3.1 应根据地形地貌、软土分布特征及工程特性、路堤高度、汽车荷载、施工工期、材料与环境等条件，遵循先浅层处理、后深层处理的原则，通过技术经济比较，合理确定软土地基处理方案。

7.3.2 各种软土地基处理方法及适用条件见表 7.3.2。当汽车荷载传递至地基中动应力引起软土地基变形量达到式（7.3.2）规定时，地基宜采用深层处理措施。

$$S_p \geqslant 0.2S_c \tag{7.3.2}$$

表 7.3.2 低路堤软土地基处理方法及适用条件

<table>
<tr><th colspan="2">处理层位</th><th>处 理 方 法</th><th>适 用 范 围</th><th>注 意 事 项</th></tr>
<tr><td colspan="2">表层处理</td><td>垫层法（砂砾、石灰土或水泥土，可增设土工格栅或格室）</td><td>适用于厚度小的软土地基</td><td>应与预压措施结合使用</td></tr>
<tr><td colspan="2">浅层处理</td><td>换填粒料、石灰土、水泥土垫层</td><td>适用于浅部薄层软土地基</td><td></td></tr>
<tr><td rowspan="7">深层处理</td><td rowspan="3">排水固结</td><td>袋桩砂井、塑料排水板</td><td>适用于厚度较大的软土地基</td><td>应与等载或超载预压措施结合使用，不宜采用欠载预压</td></tr>
<tr><td>真空预压</td><td>适用于施工工期短的软土地基</td><td rowspan="2">采用真空预压、真空联合堆载预压法应在地基中设置砂井或塑料排水板等竖向排水体</td></tr>
<tr><td>真空—堆载联合预压</td><td>适用于软土厚度大、沉降量大的软土地基</td></tr>
<tr><td rowspan="4">复合地基</td><td>粒料桩</td><td>1）振冲粒料桩适用于十字板抗剪强度大于 15kPa 的地基土；
2）沉管粒料桩适用于十字板抗剪强度大于 20kPa 的地基土</td><td>对于极软土，宜采用大直径粗粒径振冲碎石桩</td></tr>
<tr><td>加固土桩</td><td>适用于十字板抗剪强度不小于 10kPa 的软土地基</td><td>有机质含量较高时，不宜采用</td></tr>
<tr><td>水泥粉煤灰碎石桩</td><td>适用于十字板抗剪强度不小于 20kPa 的软土地基处理</td><td>应注意褥垫层刚度设计</td></tr>
<tr><td>刚性桩（包括 PHC、PTC、PCC 桩等）</td><td>适用于路堤高度大于 3m、软土厚度大于 10m、其下卧土层静力触探锥尖阻力不小于 1 000kPa 的软土地基处理</td><td>应注意褥垫层刚度设计，褥垫层应设置土工格栅（格室）</td></tr>
</table>

7.3.3 垫层设计应符合下列规定：

1 应根据地基土层分布特点和物理力学性质、汽车荷载和路基工作区深度，结合路面结构组合、路堤填料强度和刚度设计要求，进行垫层设计计算，满足路基承载力、沉降与稳定的要求。

2 垫层厚度和刚度设计，应使汽车荷载传递至垫层底面的附加应力满足式(7.3.3-1)要求，并符合式(7.3.3-2)要求。

$$\sigma_{d,d} \leqslant (\frac{1}{5} \sim \frac{1}{10})\sigma_z \qquad (7.3.3\text{-}1)$$

式中：$\sigma_{d,d}$——汽车荷载传递至垫层底面处的附加应力(kPa)；

σ_z——垫层底面处路堤(含路面)的自重应力(kPa)。

$$p_z + p_{cz} \leqslant f_{ak} \qquad (7.3.3\text{-}2)$$

式中：p_z——垫层底面处的附加应力(kPa)；

p_{cz}——垫层底面处土的自重压力(kPa)；

f_{ak}——垫层底面处下卧层的地基承载力特征值(kPa)。

3 垫层设置在原地面以下时，垫层厚度不宜小于0.5m，垫层范围为路堤坡脚外延1～2m。

4 垫层材料宜选用中粗砂、砂砾、碎石，砂砾材料缺乏时，可采用石灰土或水泥稳定土。必要时，可增设土工格栅或土工格室加筋层，以提高垫层的整体刚度，减小不均匀沉降变形。

7.3.4 排水固结法处理地基设计应符合下列规定：

1 对厚度较大的软土地基，应采用设置竖向排水体(袋装砂井、塑料排水板)、排水垫层的填土预压或真空预压、真空—堆载联合预压的排水固结法处理。

2 竖向排水体直径：袋装砂井直径可取70～120mm，塑料排水板的当量换算直径可按下式计算：

$$d_p = \frac{2(b+\delta)}{\pi} \qquad (7.3.4\text{-}1)$$

式中：d_p——塑料排水板的当量换算直径(mm)；

b——塑料排水板宽度(mm)；

δ——塑料排水板厚度(mm)。

3 竖向排水体平面布置可采用等边三角形或正方形排列，竖向排水体间距可根据地基土的固结特性和工后沉降控制标准确定，最大间距可用井径比控制，井径比不宜大于25，按下式计算：

$$n = \frac{d_e}{d_w} \qquad (7.3.4\text{-}2)$$

等边三角形排列

$$d_e = 1.05d \qquad (7.3.4\text{-}3)$$

正方形排列 $d_e = 1.13d$ (7.3.4-4)

式中：n——井径比；

d_e——竖向排水体的有效排水直径(mm)；

d_w——竖向排水体的直径(mm)；

d——竖向排水体的间距。

4 竖向排水体的长度根据土层情况和工后沉降控制标准确定。软土厚度小于20m时，竖向排水体以贯穿软土层为宜。

5 地基固结度计算：

1)瞬时加载条件下，设有竖向排水体的地基平均固结度可按下式计算：

$$U = 1 - (1 - U_z)(1 - U_r) \tag{7.3.4-5}$$

$$U_z = 1 - \frac{8}{\pi^2} e^{-\frac{\pi C_v}{4H^2}t} \tag{7.3.4-6}$$

$$U_r = 1 - e^{-\frac{8C_h}{F_n d_e^2}t} \tag{7.3.4-7}$$

$$F_n = \frac{n^2}{n^2 - 1}\ln(n) - \frac{3n^2 - 1}{4n^2} \tag{7.3.4-8}$$

式中：U——地基平均固结度；

U_z——竖向平均固结度；

U_r——径向平均固结度；

C_v——垂直固结系数(m^2/s)；

C_h——水平向固结系数(m^2/s)；

t——固结时间(s)；

H——不排水面至排水面的竖向距离(m)。双面排水时，为竖向排水体长度的一半；单面排水时，为竖向排水体长度。

2)分级加载条件下，设有竖向排水体的地基在 t 时的平均固结度可按下式计算：

$$U'_t = \sum_{i=1}^{m} U_{t\left(t-\frac{t_i+t_{i-1}}{2}\right)} \frac{\Delta P_i}{\sum \Delta P_i} \tag{7.3.4-9}$$

式中：t_i、t_{i-1}——第 i 级加载的起始时间和终点时间(d)，当t在某一级加载的过程中时，取 $t_i = t$；

ΔP_i——第 i 级加载的荷载增量(kPa)；

$\sum \Delta P_i$——t 时 m 级荷载的累加(kPa)。

6 当采用袋装砂井或塑料排水板填土预压不能满足工后沉降控制标准时，可采用真空预压法或真空—堆载联合预压法处理，地基中必须设置竖向排水体。

1)真空预压的膜下真空度应稳定地保持在80kPa以上，且应均匀分布，竖向排水体深度范围内土层的平均固结度宜大于80%。

2)当所需预压荷载大于80kPa时，可在真空预压抽真空的同时再填土预压。

3)当表层存在良好透气层(透水层)，以及在处理范围内有透水层时，应采取有效措施隔断透气层或透水层。

4)真空预压、真空—堆载联合预压下地基最终沉降计算,应考虑因抽真空对土体侧向收缩的影响,沉降综合修正系数可取0.8~0.9。

5)采用真空预压、真空—堆载联合预压法处理软土地基时,应考虑对周围建筑物安全的影响。

7.3.5 粒料桩复合地基设计应符合下列规定:

1 当沿线砂石材料丰富时,软土地基处理可采用粒料桩复合地基法。根据软土不排水抗剪强度和地基成桩条件,因地制宜,合理选用粒料桩施工方法。

2 粒料桩直径、桩长和间距应通过稳定和沉降检算确定,并应满足工后沉降控制标准的要求。振冲粒料桩直径应根据软土强度和振冲器功力确定,以0.8~1.2m为宜;沉管粒料桩直径宜为0.3~0.5m。粒料桩的相邻桩净距不应大于4倍桩径,桩长不宜小于5m,也不应大于20m。

3 桩体材料可用含泥量不大于5%的碎石、砾石、卵石,不宜使用风化易碎的石料。粒料最大粒径宜为50mm,最大粒径不大于100mm。

4 粒料桩平面布置可采用等边三角形或正方形排列,粒料桩复合地基顶部应设置碎石褥垫层,厚度为0.3~0.5m。必要时,垫层中可铺设土工格栅或土工格室。

5 粒料桩复合地基路堤稳定与沉降计算应符合《公路路基设计规范》(JTG D30)的有关规定。

7.3.6 加固土桩复合地基设计应符合下列规定:

1 设计参数:

1)加固土桩的直径、桩长和间距应通过稳定和沉降检算确定,,并应满足工后沉降控制标准的要求。干法水泥搅拌桩(简称粉喷桩)的加固深度不应超过15m,湿法水泥搅拌桩(简称浆喷桩)的加固深度不宜大于20m。水泥土搅拌桩直径不应小于50mm。

2)设计前应进行拟处理土的室内加固土配合比试验,选择合适的固化材料及其掺量,为设计提供各种龄期、各种配合比的强度参数。

2 材料要求:

1)固化材料宜选用强度等级为C32.5及以上的普通硅酸盐水泥,水泥掺量可采用被加固土质量的12%~20%。浆喷桩水泥浆的水灰比可选用0.45~0.55。

2)外掺剂可根据工程需要和土质条件选用具有早强、缓凝、减水及节省水泥等作用的材料,当应避免污染环境。

3 加固土桩复合地基顶部应设置褥垫层,厚度宜为0.3~0.5m,垫层材料可选用中粗砂、碎石、石灰土、水泥土。

4 加固土桩复合地基路堤稳定与沉降计算应符合《公路路基设计规范》(JTG D30)的有关规定。

5 用于构造物地基加固时,应进行水泥加固土桩复合地基承载力设计。

1)水泥加固土桩复合地基承载力特征值应通过现场单桩和多桩复合地基载荷试验

确定。初步设计时可按式(7.3.6-1)估算:

$$f_{\mathrm{spk}} = m\frac{R_{\mathrm{a}}}{A_{\mathrm{p}}} + \beta(1-m)f_{\mathrm{sk}} \tag{7.3.6-1}$$

式中:f_{spk}——复合地基承载力特征值(kPa);

m——面积置换率;

R_{a}——单桩承载力特征值(kN);

A_{p}——桩的截面积(m^2);

β——桩间土承载力折减系数,当桩端土未修正的承载力特征值大于桩周土承载力特征值的平均值时,可取0.1~0.4,差值大时取低值;当桩端土未修正的承载力特征值小于或等于桩周土承载力特征值的平均值时,可取0.5~0.9,差值大时或设置褥垫层时取高值;

f_{sk}——桩间土承载力特征值(kPa),可取天然地基承载力特征值。

2)单桩竖向承载力特征值应通过现场单桩载荷试验确定。初步设计时,可按式(7.3.6-2)估算,并应满足式(7.3.6-3)要求,应使桩身材料强度确定的单桩承载力大于或等于桩周土和桩端土的抗力所提供的单桩承载力。

$$R_{\mathrm{a}} = u_{\mathrm{p}}\sum_{i=1}^{n}q_{si}l_i + \xi_{\mathrm{p}}q_{\mathrm{pa}}A_{\mathrm{p}} \tag{7.3.6-2}$$

$$R_a = \eta f_{\mathrm{cu}}A_{\mathrm{p}} \tag{7.3.6-3}$$

式中:u_{p}——桩身周长(m);

q_{si}——桩身第 i 层土的侧阻力特征值(kPa);

l_i——桩身穿越第 i 层土的厚度(m);

ξ_{p}——桩端阻力修正系数,可取0.4~0.6。

q_{pa}——桩端端阻力特征值(kPa);

η——桩身强度折减系数,干法可取0.20~0.30,湿法可取0.25~0.33;

f_{cu}——与加固土桩桩身水泥土配比相同的室内加固土试件(直径50mm,高度100mm的圆柱体)在标准养护条件下90d龄期的抗压强度平均值(kPa)。

7.3.7 水泥粉煤灰碎石桩复合地基设计应符合下列规定:

1 设计参数:

1)水泥粉煤灰碎石桩(简称CFG桩)桩径宜取0.35~0.60m。

2)桩间距应根据设计要求的承载力和沉降控制标准、土体性质和施工工艺等确定,宜取3~5倍桩径。

3)CFG桩应选择承载力相对较高的土层作为桩端持力层,CFG桩的最大桩长不应大于30m。

4)CFG桩混合料配合比应基于要求的坍落度和强度进行设计,强度以28d强度为准。

2 材料要求:

1)宜选用强度等级为C32.5及以上的普通硅酸盐水泥。

2)宜选用Ⅲ级及以上等级的粉煤灰。

3)碎石粒径20～50mm,并掺入适量石屑。

3　CFG桩复合地基顶部应设置褥垫层,厚度宜为0.30～0.50m,并铺设土工格栅或土工格室。垫层材料宜选用中粗砂、砂砾、碎石,含泥量不应大于5%。

4　加固土桩复合地基路堤稳定与沉降计算应符合《公路路基设计规范》(JTG D30)的有关规定。

5　用于构造物地基加固时,应进行CFG桩复合地基承载力设计。

1)CFG桩复合地基承载力应通过现场单桩和多桩复合地基载荷试验确定,初步设计时可按式(7.3.6-1)估算。CFG桩间土承载力折减系数可取0.75～0.90。

2)CFG桩单桩承载力应通过现场单桩载荷试验确定。初步设计时,可按式(7.3.6-2)、(7.3.6-3)估算,桩端阻力修正系数可取0.75～0.95。桩身强度折减系数可取0.35～0.50。

7.3.8　刚性桩复合地基设计应符合下列规定:

1　公路软土地基处理采用的刚性桩包括预应力混凝土薄壁管桩(简称PTC桩)、预应力高强混凝土管桩(简称PHC桩)和现浇混凝土大直径管桩(简称PCC桩),设计时应根据路堤和构造物对地基承载力与沉降变形控制的要求,以及各种刚性桩的适用条件,因地制宜,合理选用。

2　设计参数:

1)桩的平面布置,一般采用正三角形或正方形布置,PHC桩、PTC桩径宜为0.3～0.6m,桩间距可取4～8倍桩径;PCC桩直径宜取1.0m～1.5m,桩间距宜取2.5～4倍桩径。

2)桩长可根据工程对地基稳定与沉降变形的要求,通过计算确定。PCC桩桩长不宜超过25m,PHC桩、PTC桩桩长不宜超过30m。桩端应选择承载力相对较高的土层作为桩端持力层,桩端以下的持力层厚度不宜小于5倍桩身直径。

3)PHC、PTC桩顶应设置桩帽,一般采用圆形或方形;PCC桩可不设桩帽。

3　材料要求:

1)桩体混凝土强度等级:PHC桩不得小于C80,PTC桩不得小于C60,PCC桩不得小于C20。

2)桩帽混凝土强度等级宜采用C30。

4　刚性桩复合地基顶部应设置褥垫层,厚度宜为0.30～0.50m,并铺设土工格栅或土工格室。褥垫层材料应采用级配良好的砂砾、中粗砂、碎石,碎(砾)石最大粒径不宜大于30cm,含泥量不应大于5%。土工格栅(格室)抗拉强度不宜小于80kN/m,延伸率应小于10%。

5　刚性桩复合地基承载力设计:

1)刚性桩复合地基承载力应通过现场单桩和多桩复合地基载荷试验确定,初步设计时可按式(7.3.6-1)估算。CFG桩间土承载力折减系数可取0.75～0.95。

2)刚性桩单桩承载力应通过现场单桩载荷试验确定。初步设计时,可按式(7.3.6-2)估算,桩端阻力修正系数可取0.65~0.90。

6 刚性桩复合地基沉降变形计算:

1)刚性桩复合地基应进行复合地基加固层沉降和下卧层沉降计算,沉降计算采用分层总和法。

2)刚性桩加固深度内的沉降变形:

$$s_1 = \xi_s S_{c1} \tag{7.3.8-1}$$

$$\xi_s = \frac{1}{n \cdot m + 1} \tag{7.3.8-2}$$

式中:ξ_s——桩间土应力折减系数;

n——复合地基桩土应力比,应通过现场试验确定。初步设计时可取12~16,混凝土强度等级高时取大值;

S_{c1}——刚性桩深度内原地基土的沉降,采用分层总和法计算。

7.3.9 当软土地基底面横向坡度较陡,路堤可能沿该层面产生滑动破坏时,宜采取侧向约束措施。

7.3.10 路基与桥台、路基与横向构造物之间的路基过渡段,软土厚度变化较大处,不同软土地基处理措施交界处,应采取逐渐过渡的地基处理方法,并铺设土工格栅或土工格室等土工合成材料,以减少工后不均匀沉降。

7.3.11 软土地基沉降与稳定观测设计应符合下列规定:

1 软土地基沉降与稳定观测设计应符合《公路路基设计规范》(JTG D30)规定,必要时,宜进行分层沉降观测。

2 路面铺筑时间采用双标准控制:要求推算的工后沉降量小于设计容许值,同时要求连续2个月观测的沉降量每月不宜超过3mm。

8 平原水网区低路堤

8.1 一般规定

8.1.1 平原水网区低路堤设计,应调查收集沿线地形地貌、气象、水文和筑路材料等资料,查明沿线土质分布状况和物理力学性质、地下水位及其变化幅度等。

8.1.2 应充分考虑沿线居民生产生活的交通需求,以及当地社会、经济、交通发展的现状和未来发展趋势,因地制宜,综合比选,论证平原水网区低路堤方案可行性。

8.1.3 平原水网区低路堤设计,应从地基处理、路基填料选择、路基强度与稳定性、防护工程、排水系统、路基施工难易性以及路面结构等方面进行综合设计。

8.1.4 平原水网区软土地基低路堤设计应符合本指南第7章的有关规定。

8.2 平原水网区低路堤典型结构与填料

8.2.1 平原水网区低路堤最小填土高度不宜小于1.5m。

8.2.2 应根据公路所在地区的气象、水文、地质等条件,充分考虑环境条件和汽车荷载对路基长期性能的影响,合理地确定路基结构断面形式和填料。

8.2.3 水稻田路段设计应符合下列规定:

1 应充分考虑路基长期受地表积水浸渍对路基耐久性及路基施工的影响。

2 应排除地表积水,清除表土。

3 结合路堤高度和路基工作区深度,对路基基底采用天然级配砂砾石、级配碎石、或处治土等进行换填处理。路基工作区填料宜采用砂类土、碎石土、或处治土。

8.2.4 河塘低洼路段设计应符合下列规定:

1 应考虑地表积水、地下水位和淤泥厚度等对路基施工及路基耐久性的影响。

2 水塘、鱼池地段,应采取围堰、抽水、清除表层淤泥的处理措施,并在塘底设置砂砾、碎石土或处治土垫层。

3 在有淤泥或淤泥质土的坑塘洼地的路段,当地表无积水时,可直接挖除表层软弱土,换填砂砾、碎石,厚度不小于0.30m。

4 常水位以下部位的路堤,应采用水稳定性好的砂砾、片碎石填筑,常水位之上设置复合土工布防渗隔离层;路堤上部填料,应根据路基工作区深度与强度的要求,可采用粗粒土或无机结合料处治土。

8.2.5 其他湿软路段设计应符合下列规定:

1 湿软路段路基断面结构形式,应考虑降低地表土含水量、地下水水位、土的塑性指数或隔断毛细水上升等措施。

2 地基表层处理:

1)地基表层土含水量小于28%时,应结合工期、气候条件等因素,宜采用翻松晾晒方式,降低填料含水量。

2)基底开挖后表层土含水量较大或碾压发生"弹簧土"现象时,宜进行换填处理。

3)基底采用细粒土换填时,应掺加石灰或水泥无机结合料予以处治。

4)基底潮湿时,宜采用碎石土、砂砾等水稳定性优良的材料进行换填,底部换填深度宜为30~50cm,并宜在换填顶面铺设防渗土工布。

5)当原地基承载力不足时,可采取换填石灰土或砂砾、加铺土工格栅等综合处理措施,换填深度宜为40~50cm。

3 地下水位高的路段:

1)当沿线砂砾、碎石材料丰富时,路基底部可设置排水垫层、加铺防渗隔离层,排水垫层厚度宜为40~50cm,路基工作区范围的填料可采用碎石、砂砾。

2)沿线砂砾、碎石材料缺乏时,路基底部可设置石灰土垫层,并加铺复合防排水板等防渗隔离层,路基工作区范围填料可采用石灰土等处治土。

8.2.6 路基填料应符合下列规定:

1 路基填料宜采用碎石土、砂砾或无机结合料处治土,填料强度和刚度应满足按本指南表4.3.2规定。

2 细粒土作为填料时,若强度与刚度不能满足本指南表4.3.2规定,应采用石灰或其他稳定材料进行处治。处治土强度设计参数和配合比,应根据其填筑部位的强度和刚度要求,通过试验确定。

3 粗粒土作为填料时,应具有良好的级配,压实质量宜结合试验段,采用施工参数与压实度检测联合控制。

4 地下水位较高路段,不应直接采用粉质土填筑。

8.3 平原水网区低路堤防排水

8.3.1 排水系统设计应符合下列规定:

1 应遵循防排结合的原则,合理布局各种防排水设施,使路基处于中湿或干燥状态。

2　应根据沿线地形、天然水系、地下水位、降雨量及汇水面积等情况，合理确定排水设施的结构形式和断面尺寸，在满足公路排水功能要求的基础上，力求排水系统设计与沿线环境景观相协调。

8.3.2　河塘低洼路段，可在路基两侧设置排水沟，并与自然沟渠相连通，以保证排水流畅和疏干地表积水。对于无法自排的临时边沟水，可采用深井积水、集中抽排的方法，保证路基正常施工。

8.3.3　地下水位较高的路段，宜在路基底部设置排水垫层和防渗隔离层，并在路基范围或边沟之下设置排水渗沟，以降低地下水水位、保证路基湿度稳定。

8.3.4　通道位置和底部高程应有利于通道内排水设施的布设，宜采用自流排水方式。当低洼路段通道自流排水困难时，可采用先蓄后排、泵站排水、渗井排水等排水方式。

8.3.5　中央分隔带应设置防排水渗沟、渗沟集水槽和横向排水管等组成的综合防排水系统，横向排水管出水口应做好与边沟高程的衔接，以保证排水顺畅。

8.3.6　地下水位高，出现喷砂、冒水现象的路段，可采取设置排水垫层和处治土垫层的综合处理措施。

9　季节性冰冻地区低路堤

9.1　一 般 规 定

9.1.1　季节性冰冻地区低路堤设计，应调查收集年平均气温、年平均地温、标准冻深等气象资料，查明季节性冻土层的分布特征、物理力学性质、地下水位、冻结水上升高度等，确定地基承载力，评价冻胀等级。

9.1.2　低路堤设计应综合考虑气候条件、地形地貌、地质状况、排水状况和路基填料等因素，重视冻融循环作用对道路的影响，并做好路基路面综合设计。

9.1.3　季节性冰冻地区低路堤设计应取得下列气象资料：

1　近10年的气温资料。

2　按式(9.1.3)计算最大冻结指数，也可查《冻土地区建筑地基基础设计规范》(JGJ 118)、《公路工程抗冻设计与施工技术指南》取得相应的数据。

$$F = \sum_{i=1}^{n} t_i \qquad (9.1.3)$$

式中：F——冻结指数(℃)；

t_i——每日负温度平均值(℃)；

n——一年中负温度值出现的天数(d)。

3　大地标准冻深，无实测资料时，可参照《冻土地区建筑地基基础设计规范》(JGJ 118)、《公路工程抗冻设计与施工技术指南》中国季节性冻土标准冻深线及冻深计算分区图确定。

9.1.4　土质类型划分应符合下列规定：

1　季冻土根据冻胀率η的大小按表9.1.4划分为不冻胀、弱冻胀、冻胀、强冻胀和特强冻胀土五类。

2　土的平均冻胀率按下式计算：

$$\eta = \frac{z}{H_d} \times 100(\%) \qquad (9.1.4)$$

式中：z——土的冻胀值(mm)；

H_d——土的冻结深度(mm)，不包括冻胀量。

表 9.1.4　季冻土的冻胀性分类

土组分类号	土 组 名 称	土质干湿状态	调查时土的天然含水率 w（%）	达到最大冻深时地下、地表水位距冻结线的最小距离 h_w（m）	平均冻胀率 η（%）	冻胀等级	冻 胀 类 别
Ⅰ	含细粒土砾（砂），粒径小于 0.075mm 含量 ≤15%	干燥	不考虑	不考虑	$\eta \leqslant 1$	1	不冻胀
Ⅱ	细粒土质砾（黏土质砂），粒径小于0.075mm 含量≥15%	干燥	$w \leqslant 12$	>1.0	$\eta \leqslant 1$	1	不冻胀
				≤1.0	$1 < \eta \leqslant 3.5$	2	弱冻胀
		中湿 潮湿	$12 < w \leqslant 18$	>1.0			
				≤1.0	$3.5 < \eta \leqslant 6$	3	冻胀
		过湿	$w > 18$	>0.5			
				≤0.5	$6 < \eta \leqslant 12$	4	强冻胀
Ⅲ	粉土质砂	干燥	$w \leqslant 14$	>1.0	$\eta \leqslant 1$	1	不冻胀
				≤1.0	$1 < \eta \leqslant 3.5$	2	弱冻胀
		中湿 潮湿	$14 < w \leqslant 19$	>1.0			
				≤1.0	$3.5 < \eta \leqslant 6$	3	冻胀
		过湿	$19 < w \leqslant 23$	>1.0			
				≤1.0	$6 < \eta \leqslant 12$	4	强冻胀
			$w > 23$	不考虑	$\eta > 12$	5	特强冻胀
Ⅳ	粉质土	干燥	$w \leqslant 19$	>1.5	$\eta \leqslant 1$	1	不冻胀
				≤1.5	$1 < \eta \leqslant 3.5$	2	弱冻胀
		中湿 潮湿	$19 < w \leqslant 22$	>1.5			
				≤1.5	$3.5 < \eta \leqslant 6$	3	冻胀
		过湿	$22 < w \leqslant 26$	>1.5			
				≤1.5	$6 < \eta \leqslant 12$	4	强冻胀
			$26 < w \leqslant 30$	>1.5			
				≤1.5	$\eta > 12$	5	特强冻胀
			$w > 30$	不考虑			
Ⅴ	黏质土	干燥	$w \leqslant w_p + 2$	>2.0	$\eta \leqslant 1$	1	不冻胀
				≤2.0	$1 < \eta \leqslant 3.5$	2	弱冻胀
		中湿 潮湿	$w_p + 2 < w \leqslant w_p + 5$	>2.0			
				≤2.0	$3.5 < \eta \leqslant 6$	3	冻胀
		过湿	$w_p + 5 < w \leqslant w_p + 9$	>2.0			
				≤2.0	$6 < \eta \leqslant 12$	4	强冻胀
			$w_p + 9 < w \leqslant w_p + 15$	>2.0			
				≤2.0	$\eta > 12$	5	特强冻胀
			$w > w_p + 15$	不考虑			

注：1. 土的干湿状态参照现行《公路沥青路面设计规范》（JTG D50—2005）相应条款确定。

2. w_p 为土的塑限含水率。

3. 塑性指数大于 22 时，冻胀性降低一级。

4. 粒径小于 0.005mm 的含量大于 60% 时，为不冻胀土。

5. Ⅱ、Ⅲ类土当填充细料大于全部质量的 40% 时，其冻胀性按填充料类别划分。

9.1.5 地质勘察应包括下列内容：

1 明确对路基的沉降与稳定分析有影响的范围内的地层分布。

2 对冻深范围内的地基土和取土场土进行物理力学特性试验，试验内容包括：颗粒成分、密度、天然含水率、液塑限、有机质含量。

3 按表9.1.4对土的冻胀性进行分类。

4 按《公路土工试验规程》(JTG E40)测定冻深范围内不同土的冻胀率。

5 调查对路基有影响的地表水距路线的距离、水量及持续时间。

6 调查地下水位随季节的变化情况。

7 调查公路施工期及建成后可能对路基路面造成冻害的各种水源，并给出防治的建议。

9.2 季节性冰冻地区低路堤典型结构与填料

9.2.1 应根据公路等级、交通量、路面类型、当地气候条件、勘察资料、材料供应，充分借鉴当地的工程经验，拟定路基的结构形式。宜采用图9.2.1-1所示典型结构；当地质状况较差，路基高程距地下水位的距离在3m以内时，可采用图9.2.1-2所示典型结构。

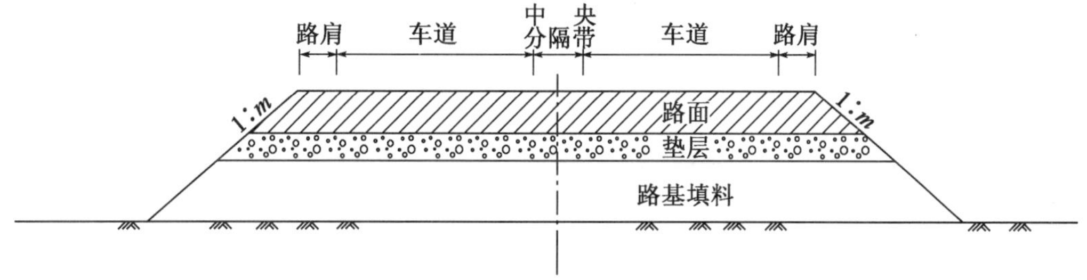

图9.2.1-1 低路堤典型断面结构1

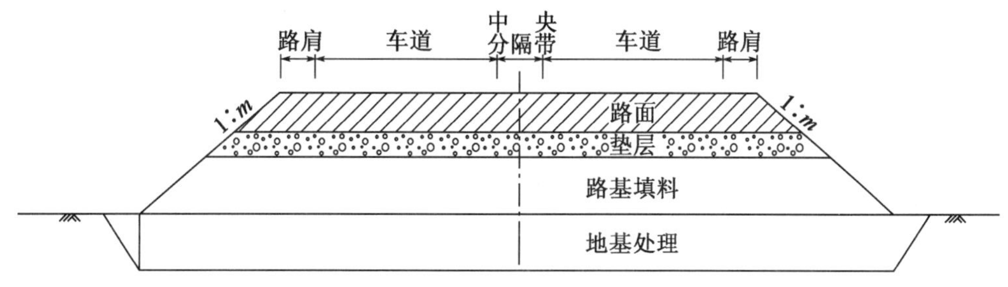

图9.2.1-2 低路堤典型断面结构2

9.2.2 路基冻深范围内各层土质填料必须综合考虑路堤高度、地表水位、地下水位、冻土区容许总冻胀值及路面结构类型等因素，路基填料除应满足本指南表4.3.2规定外，尚应满足表9.2.2的要求。季冻土冻胀性分类按表9.1.4选取。

表 9.2.2 季冻区路基土质填料选择表

路基形式	冰冻分区	地下水位或地表常水位距路面距离(m)	路基填料选择		
			上路床 0~0.3m	下路床及挖方路段 0.3~0.8m	上路堤及挖方路段 0.8~1.5m
填方路基	重冰冻区	$h_w>3$	Ⅰ	Ⅰ~Ⅲ	—
		$h_w\leq3$	Ⅰ	Ⅰ~Ⅱ	Ⅰ~Ⅲ
	中冰冻区	$h_w>3$	Ⅰ~Ⅱ	Ⅰ~Ⅲ	—
		$h_w\leq3$	Ⅰ	Ⅰ~Ⅱ	—
	轻冰冻区	$h_w>3$	—	—	—
		$h_w\leq3$	Ⅰ~Ⅲ	—	—
零填或挖方路基	重冰冻区	$h_w>3$	Ⅰ	Ⅰ	—
		$h_w\leq3$	Ⅰ	Ⅰ	—
	中冰冻区	$h_w>3$	Ⅰ	Ⅰ~Ⅱ	—
		$h_w\leq3$	Ⅰ	Ⅰ	—
	轻冰冻区	$h_w>3$	Ⅰ~Ⅱ	—	—
		$h_w\leq3$	Ⅰ	Ⅰ~Ⅲ	—

注:1. 土组分类号及土的冻胀等级见表 9.1.4。
2. 对于重、中冻胀地区的上路床采用Ⅰ类土时,其细粒土(粒径小于 0.075mm)的含量宜小于 5%。

9.2.3 季冻区路基上路床、下路床宜选择与Ⅰ、Ⅱ类土相当的矿渣、炉渣、砾石及碎石等抗冻稳定性较好的材料填筑,矿渣、炉渣遇水不发生崩解,填筑完成后必须将水及时排除路基。

9.2.4 当缺少砂石料时,下路床、上路堤范围内填筑土质砂、粉质土和黏质土时,可用石灰、水泥、粉煤灰、矿渣、固化剂等单独或混合进行改善处治。用量应根据土的性质、路基冻胀性要求经试验确定。一般水泥处治用量宜为 1% ~3%;石灰处治用量宜为 3% ~6%;二灰处治石灰用量宜为 2% ~4% ,粉煤灰用量宜为 6% ~10%。

9.2.5 强风化软质岩、遇水崩解软化岩石不得用于上路床,用于其他层位时应满足本指南的相关要求。

9.2.6 季节性冰冻地区的地基处理除应满足路基的整体稳定与工后沉降控制的要求外,尚应满足路基的防冻稳定性要求。

9.3 道路冻胀量的计算与控制

9.3.1 道路多年最大冻深 z_{max} 按下式计算:

$$z_{\max} = a \times b \times c \times z_d \tag{9.3.1}$$

式中：$z_{\max}$——多年最大冻深（m）；

z_d——大地标准冻深（m）；若无实测资料可查图9.3.1；

a——路面路基材料热物性系数，见表9.3.1-1；

b——路基湿度系数，见表9.3.1-2；

c——路基断面形式系数，见表9.3.1-3。

表9.3.1-1 路面路基材料热物性系数 *a*

路基材料	黏质土	粉质土	粉土质砂	细粒土质砾 黏土质砂	含细粒 土质砾(砂)
热物性系数	1.05	1.1	1.2	1.3	1.35
路面材料	路面水泥混凝土	沥青混凝土	二灰碎石及 水泥碎(砾)石	二灰土及水泥土	级配碎石
热物性系数	1.4	1.35	1.4	1.35	1.45

注：a值取大地冻深范围路面各层材料的加权平均值。

表9.3.1-2 路基湿度系数 *b*

干湿类型	干燥	中湿	潮湿	过湿
湿度系数	1.0	0.95	0.90	0.80

注：路基干湿类型根据试验或土的冻胀性分类表确定。

表9.3.1-3 路基断面形式系数 *c*

填挖形式	地面	填2m	填4m	挖2m	挖4m	挖6m	挖6m以上
断面形式系数	1.0	1.02	1.05	0.98	0.95	0.92	0.90

9.3.2 路基总冻胀值可根据路基冻深（道路冻深减路面厚度）和土的冻胀率计算。

$$z_j = \sum_{i=1}^{n} h_i \eta_i \tag{9.3.2}$$

式中：z_j——路基冻胀值（mm）；

h_i——路基冻深内不同土层厚度（mm）；

η_i——路基不同土层土的冻胀率，按式（9.1.4）计算；

n——不同土层数。

9.3.3 季节性冰冻地区公路路基的总冻胀值应不超过表9.3.3的规定，否则应采取换填路基填料、地基置换和加强排水等措施，必要时也可抬高路基。

表9.3.3 季节性冰冻地区路基容许总冻胀值（mm）

公路等级	水泥混凝土路面	沥青混凝土路面
高速公路、一级公路	20	40
二级公路	30	50

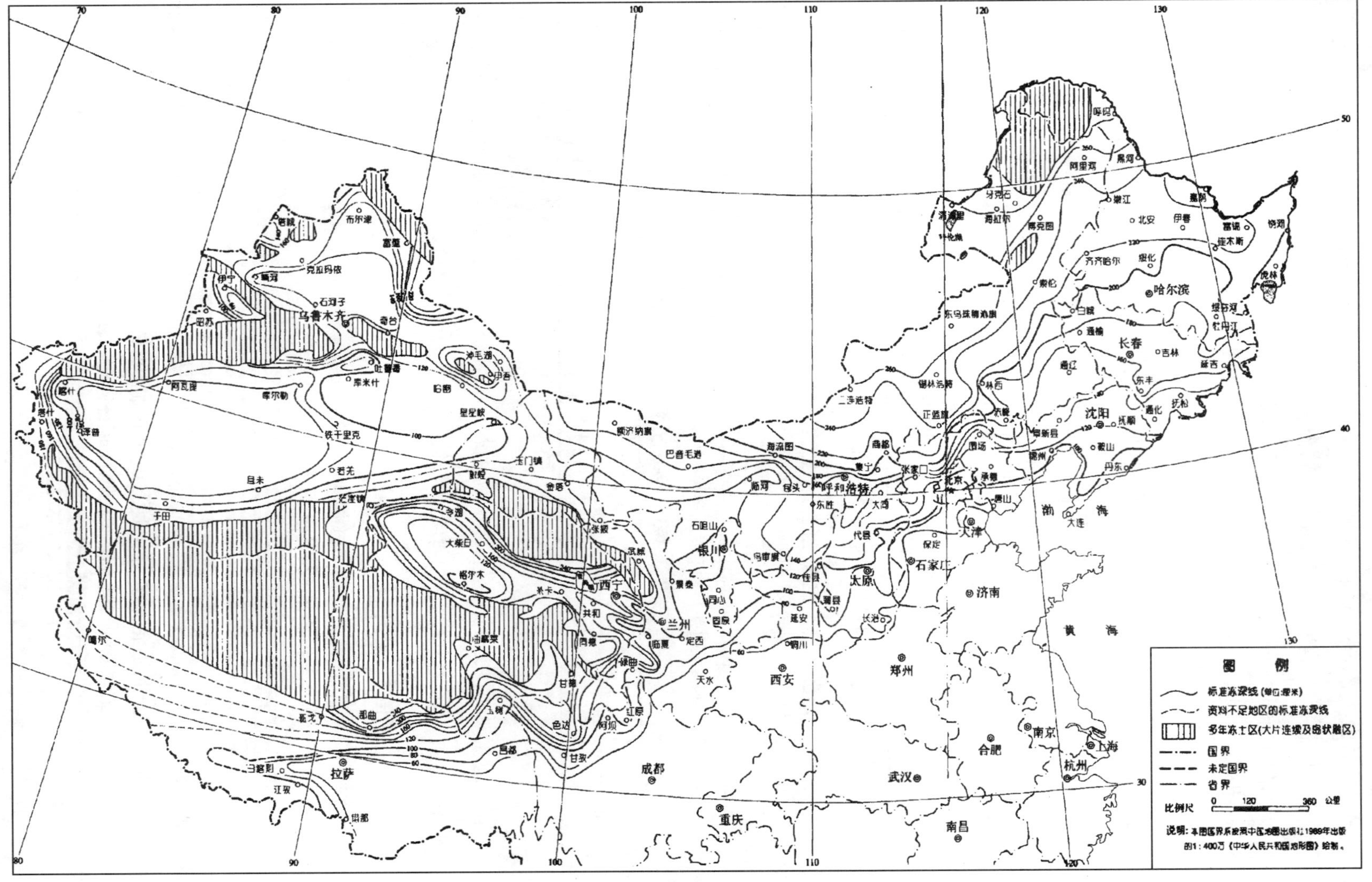

图 9.3.1　季节性冻土区标准冻深线图

9.4 季节性冰冻地区低路堤防排水

9.4.1 地表水的排除应符合下列规定：

1 季冻区路基地表排水设计应根据水源、地形、路线及路基设计等条件，将水截堵及排除路基范围以外。

2 挖方路段界外水应设拦水埂或截水沟排除，拦水埂或截水沟的纵坡不宜小于3%，以迅速排走地表水、减少下渗，拦水埂或截水沟的形状可根据具体地表水量确定。

3 路堑边沟纵坡不宜小于1.0%，土质边沟应视冲刷情况采取必要的加固措施。中、重冰冻地区设置暗埋式边沟时，暗沟应埋设于最大冻深线之下，并视地下水分布状况设置必要的排水渗沟。

4 季冻区路线的凹形竖曲线底部、低洼河谷地段、平曲线超高段应做特殊排水设计。

5 其他排水措施按《公路排水设计规范》(JTJ 018)执行。

9.4.2 重、中冰冻区的路基挖方段及全冻路堤应采取下列措施降低或排除路基中的地下水和疏干土体内的水分：

1 路基下泉水或集中水流必须设置暗沟或暗管排除。暗沟(管)应设于冻结线以下或采取保温防冻措施；暗沟(管)横断面应按流量大小、地形及地质条件经计算确定。

2 重、中冰冻区的挖方路基及全冻路堤应设排水渗沟：

1)渗沟应设于两侧边沟下或边沟外，不宜设在路肩范围以内。必要时中央分隔带下也应设置渗沟。

2)渗沟的埋置深度(底面高程)可按下式计算确定：

$$h_d = z + d + h_0 + h_j - h_b \tag{9.4.2-1}$$

式中：h_d——渗沟埋置深度，由边沟底至渗沟底距离(m)；

z——从路面中线顶面计起的道路冻深(m)；

h_0——渗沟内水深(m)，可采用0.3~0.4m；

h_j——安全高度(m)，宜取0.2~0.3m；

h_b——路面中心至边沟底的高差(m)；

d——路基范围内渗沟降水曲线的最大矢距(m)。

对于双面渗沟(图9.4.2-1)，渗沟降水曲线最大矢距按下式计算：

$$d = I_0 \times L \tag{9.4.2-2}$$

式中：I_0——降水曲线平均坡度值，见表9.4.2；

L——渗沟边缘至路中心线的距离(m)。

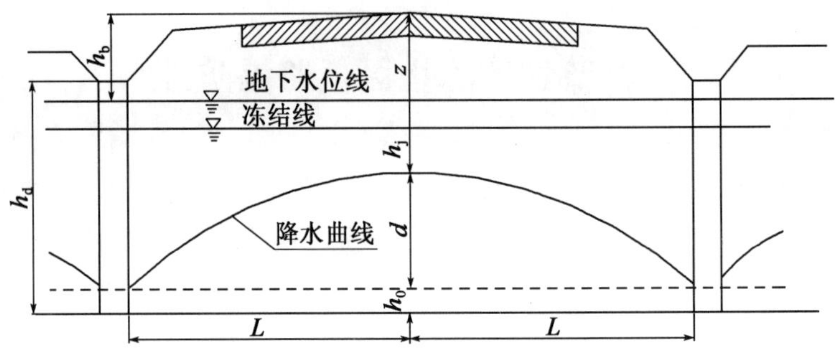

图9.4.2-1 双面渗沟降水曲线计算图

表9.4.2 各种土降水曲线平均坡度值 I_0

含水层土质	渗透系数 q 参考值(mm/s)	平均坡度 I_0
砂及含细粒土砂	$1\times10^{-3}\sim1\times10^{-1}$	0.006 ~ 0.020
粉质土砂	$1\times10^{-4}\sim1\times10^{-2}$	0.020 ~ 0.050
粉质土	$1\times10^{-5}\sim1\times10^{-4}$	0.050 ~ 0.100
黏质土	$1\times10^{-6}\sim1\times10^{-5}$	0.100 ~ 0.150

3)渗沟纵坡不应小于0.5%,长度不宜大于300m,渗沟过长应在其间设置横向排出渗沟或采取其他措施。

4)渗沟宜设置端墙式保温出水口(图9.4.2-2)。出水口外排水沟纵坡应大于5%,用保温材料砌筑或填筑2 ~5m。

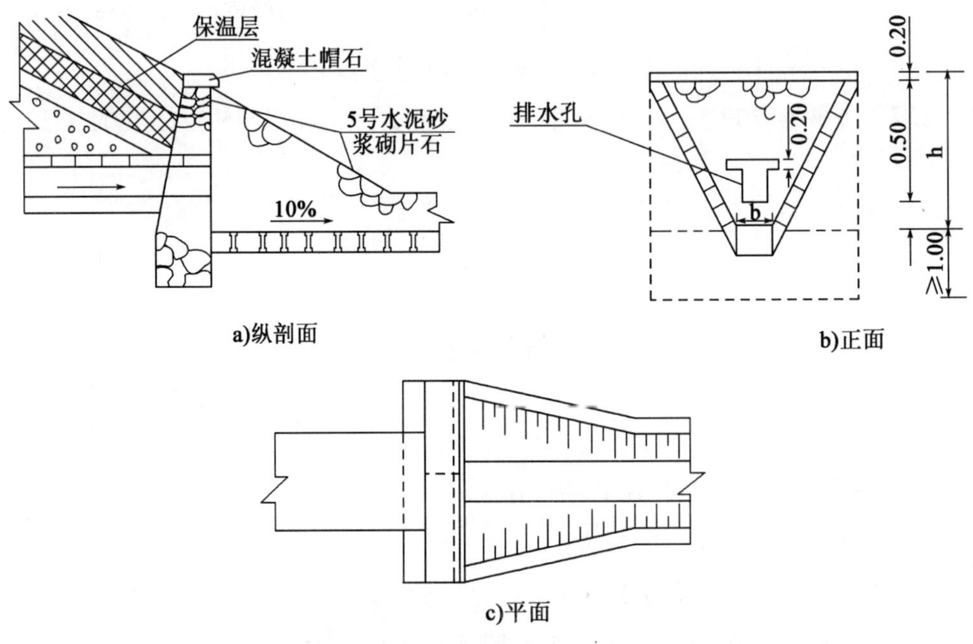

图9.4.2-2 端墙式保温出水口示意图(单位:m)

5)在渗沟转弯、变坡处及直线段每隔30 ~50m应设一个渗沟检查井,其直径不宜小于0.8m,井壁应设渗水孔和反滤层。井下通水口与渗沟排水槽(管)同高。边沟下的渗沟检查井应设于边沟外。

6)渗沟类型可采用填石渗沟、洞式渗沟或管式渗沟,渗沟侧墙根据截排水方向可设成单墙或无墙式。

7)渗沟反滤排水填料应选用粒径大小均匀一致的砂石料,由外向内相邻层粒径比不宜小于1∶4,每层厚度不宜小于0.15m,集料粒径小于0.25mm的含量不大于5%,最大粒径不大于80mm。也可选用渗水土工布内填10~60mm碎石或砾石排水集料,外填0.15m厚中细砂防污层。土工布标准必须符合《公路土工合成材料应用技术规范》(JTJ/T 019)有关要求。

9.4.3 当路基的冻胀控制不能满足要求时,可设置防冻隔断层。防冻隔断层根据所起作用的不同,分为抗冻层、隔温层、水蒸气隔断层、毛细水隔断层,各层的适用条件如下:

1 抗冻层设置在路床顶部,厚度宜为0.30m,以砂砾、碎石等粗粒料为主,适用于重、中冰冻区。

2 当地下水位高,且路基填料为粉性土时可设置毛细水隔断层。毛细水隔断层的位置宜高出地表0.30m,厚度宜为0.20~0.30m,以砂砾、碎石等粗粒料为主,填料粒径在20~60mm之间,粒径小于0.075mm的含量不超过5%。必要时可在砂砾隔断层顶面同时加铺防渗土工膜,以防止水蒸气的上升凝结。

3 当昼夜温差大,水蒸气的上升量较大时,可设置水蒸气隔断层。水蒸气隔断层采用防渗土工膜,设置于地表以上0.30m的位置。

4 当其他防冻抗冻措施效果不良时,可采用设置塑料泡沫隔温层防治路基的冻胀。隔温层设置于路床顶面,塑料泡沫隔温板的厚度宜取50~100mm。隔温板应具有良好的隔热保温性、低吸水性、良好的抗压强度和耐久性。

10 膨胀土地区低路堤

10.1 一 般 规 定

10.1.1 膨胀土地段低路堤设计,应采取多种勘探手段进行综合勘察试验,查明膨胀土分布范围、土体结构层次、矿物成分、成因类型、物理力学性质与胀缩特性,以及膨胀土活动区深度等,分析评价膨胀土膨胀潜势等级及其对公路工程的危害程度。

10.1.2 膨胀土地区公路路线设计,应根据膨胀土的特性和公路等级的技术要求,综合考虑当地气候特点、地形地貌、地质、水文、筑路材料等自然条件,通过综合分析与路线方案比较,因地制宜,合理选用主要技术指标。

10.1.3 膨胀土地区公路纵断面设计应合理确定路基填挖高度,宜采用低路堤、浅路堑,沿河路基设计宜填不宜挖。

10.1.4 膨胀土地区低路堤设计应以防水、保湿、防风化为主,结合路面结构,采取有效措施减少湿度的变化对膨胀土的影响,保证路基满足变形和强度的要求。

10.2 膨胀土判别分类和地基变形计算

10.2.1 膨胀土的判别与膨胀潜势分级应符合下列规定:

1 膨胀土初判:

膨胀土应根据地貌、颜色、结构、土质情况、自然地质现象和土的自由膨胀率等特征,按表 10.2.1-1 初步综合判定。

表 10.2.1-1 膨胀土初步综合判断

地层	以冲积、洪积、湖积和坡积为主,时代多为 $N_2 \sim Q_3$
地貌	多呈垄岗式地貌,山前丘陵区岗顶多呈浑圆状,无明显的天然陡坎,自然坡度平缓;颜色以褐黄、棕黄、棕红、黄褐为主,灰白、灰绿色呈夹层出现
土质情况	土质细腻,手触有滑感;含有较多的钙质结核,有时富集成层,并有豆状铁盟质结核;结构致密,土块破碎后呈一定几何形状
自然地质现象	裂隙发育,有 2~3 组以上的裂隙,裂面光滑,裂隙常有灰白、灰绿色黏土矿物充填;含水率低于硬塑状态的土块浸水,快速沿裂隙崩解;晴天新挖坑壁,裂隙迅速张开,土块易剥落,雨后表层裂隙很快闭合,坑壁土体易沿裂隙坍塌

2 膨胀土详判：

1)膨胀土应根据标准吸湿含水率分类指标详判。当标准吸湿含水率 w_a 大于 2.5% 时，应判定为膨胀土。

2)膨胀潜势分级应符合表 10.2.1-2 的规定。

表 10.2.1-2 膨胀潜势分级

分级指标	弱膨胀土	中膨胀土	强膨胀土
标准吸湿含水率 w_a(%)	$2.5 \leqslant w_a < 4.8$	$4.8 \leqslant w_a < 6.8$	$w_a \geqslant 6.8$

10.2.2 应根据地基的膨胀、收缩变形对公路路基的影响程度进行膨胀土地基评价。以膨胀土地基变形量 ρ 作为分类指标、按表 10.2.2 进行膨胀土地基分类。

表 10.2.2 膨胀土地基分类

膨胀土地基分类等级	膨胀土地基变形量 ρ(mm)	地基处理措施
Ⅰ	$\rho \geqslant 200$	膨胀土地基对公路低路堤影响巨大，路堤高度小于 1.5m 时，地基置换非膨胀土或处治土深度不少于 1.5m
Ⅱ	$100 \leqslant \rho < 200$	膨胀土地基对公路低路堤影响大，路堤高度小于 1.5m 时，地基置换非膨胀土或处治土深度不少于 1.0m
Ⅲ	$40 \leqslant \rho < 100$	膨胀土地基对公路低路堤影响中等，路堤高度小于 1.5m 时，地基置换非膨胀土或处治土深度不少于 0.8m
Ⅳ	$15 \leqslant \rho < 40$	膨胀土地基对公路低路堤影响小，路堤高度小于 1.5m 时，地基置换非膨胀土或处治土深度不少于 0.5m
Ⅴ	$\rho < 15$	可不考虑膨胀土地基胀缩变形的影响

10.2.3 膨胀土地区低路堤设计，应预测膨胀土地基变形量，并根据地基变形量对地基进行分类评价。

10.2.4 可根据式(10.2.4-1)~式(10.2.4-3)对膨胀土地基变形量进行计算：

1 建立在固结试验基础之上的膨胀土地基变形计算，土层的总变形为各层土变形之和：

$$\rho = \sum_{i=1}^{n} \frac{C_s z_i}{(1+e_0)_i} \lg\left(\frac{\sigma'_f}{\sigma'_{sc}}\right)_i \tag{10.2.4-1}$$

式中：ρ——总隆起变形；

e_0——初始孔隙比；

σ'_{sc}——由恒体积试验中效正的膨胀压力；

σ'_f——最后有效应力；

C_s——膨胀指数；

z_i——第 i 层土的初始厚度；

n——土层的层数。

2 建立在收缩试验基础上的膨胀土地基变形预测，膨胀土地基总变形可以表示为：

$$\rho = \sum_{i=1}^{n}\Delta z_i = \sum_{i=1}^{n}\frac{C_w \Delta W_i}{(1+e_0)_i}z_i \tag{10.2.4-2}$$

$$C_w = \frac{\Delta e}{\Delta w} \tag{10.2.4-3}$$

式中：C_w——非饱和膨胀土体积收缩指数；

ΔW_i——第 i 层土的初始孔隙比的变化。

10.3 膨胀土地区低路堤典型结构与填料

10.3.1 根据表 10.2.2 膨胀土地基分类，Ⅰ～Ⅳ级膨胀土地基路堤最小高度不宜小于 1.5 m。如受地形和路线纵面指标限制，路堤高度小于 1.5 m 时，应对膨胀土地基进行置换或改性处理。

10.3.2 低路堤结构断面形式应符合下列规定：

1 膨胀土低路堤高度小于 1.5m 时，路堤填料宜采用非膨胀土或石灰处治中、弱膨胀土。路堤填土高度大于 1.5m 时，可采用非膨胀土“包边法”的路基断面形式，路堤底部应设置排水垫层或石灰处治膨胀土处治层，如图 10.3.2-1 所示。地下水位较高时，应设置必要的防渗隔离层。

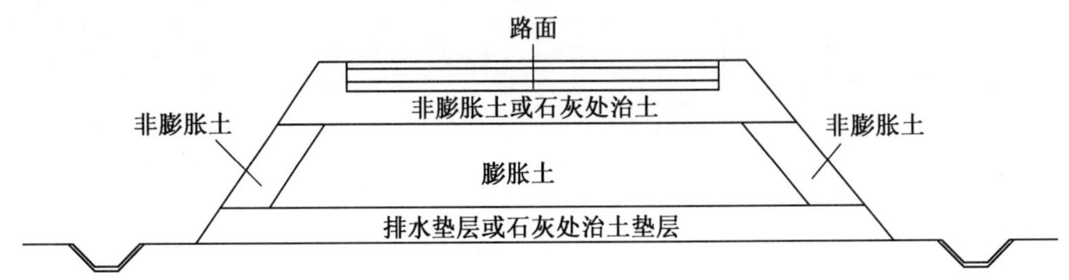

图 10.3.2-1 包边法膨胀土路堤结构

2 零填或挖方路段膨胀土路基，应对膨胀土地基进行石灰处治或换填处理，处理深度应根据膨胀土活动区深度和路基工作区深度确定，路基断面形式如图 10.3.2-2 所示。地下水位较高时，应设置防渗隔离层和地下排水渗沟。

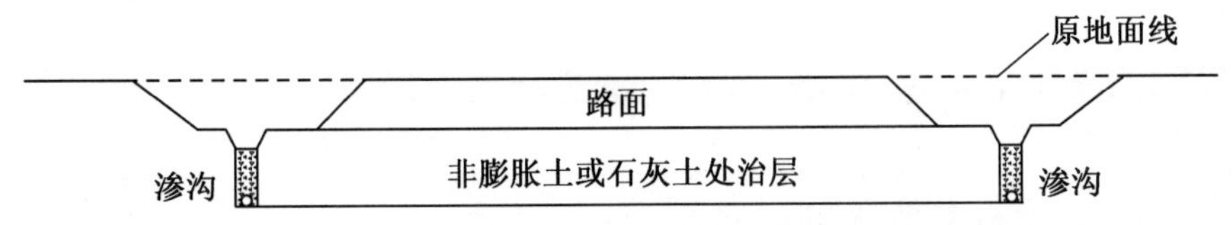

图 10.3.2-2 零填及挖方路段膨胀土路基结构

10.3.3 低路堤填料设计应符合下列规定：

1 膨胀土填料以25kPa压力下击实膨胀土的胀缩总率作为分类指标，膨胀土填料分类标准见表10.3.3。

表10.3.3 膨胀土填料分类表

填料等级	25kPa胀缩总率（%）	用 途
Ⅰ	$e_{ps}<0.7$	直接利用，能满足该条件的一般为正常黏土
Ⅱ	$0.7\leqslant e_{ps}<2.5$	不能直接用于路床，但经采取物理处治措施可用于填筑路堤
Ⅲ	$2.5\leqslant e_{ps}<5.0$	经石灰处治等改性措施后可用作路基填料
Ⅳ	$e_{ps}\geqslant 5.0$	含水率的变化会引起较大的胀缩变形，不宜用作路基填料

2 膨胀土低路堤填料设计，应根据其25kPa压力下胀缩总率，按照表10.3.3、表4.3.2规定，合理选用路基填料和膨胀土处治措施。

3 严禁采用胀缩总率大于5%的强膨胀土作为低路堤填料。

4 采用物理处治时，宜采用湿法重型击实试验的最佳含水率、最大干密度作为路基压实质量控制标准；采用石灰处治时，宜采用干法重型击实试验的最佳含水率+2%作为控制标准。

10.3.4 挖方路段膨胀土，应根据其胀缩总率大小，因地制宜，采取物理处治或石灰处治等有效措施，用于路堤填料，以节约土地、保护环境。

10.3.5 地基表层处理应符合下列规定：

1 地基土为膨胀土时，应根据膨胀土地基变形量和表10.2.2规定，合理确定膨胀土地基处理措施与处理深度。

2 地基土为非膨胀土时，应根据本指南4.4.2规定，因地制宜，采取超挖压实、换填、加筋等处理措施。

10.3.6 膨胀土挖方路基边坡防护设计，应根据边坡地质条件、边坡高度、膨胀潜势等级，通过饱和状态下边坡稳定性分析，合理确定挖方边坡坡率及防护措施，保证路基边坡稳定。膨胀土层与下伏岩土层无不利结构面时，宜采用非膨胀性黏土覆盖或置换处理，也可采用柔性支护系统处治，其典型结构如图10.3.6-1、图10.3.6-2所示。

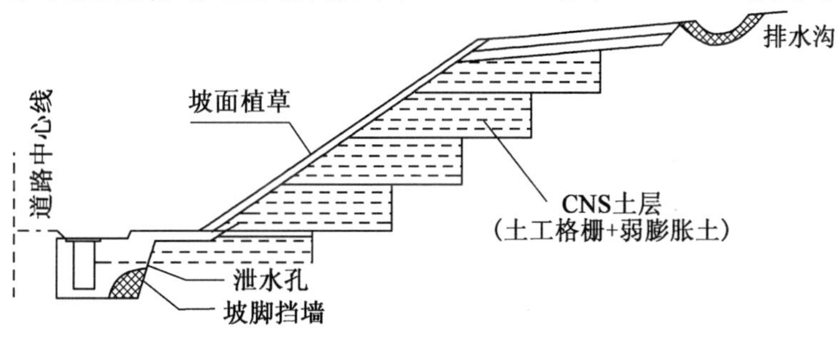

图10.3.6-1 膨胀土挖方边坡典型CNS防护

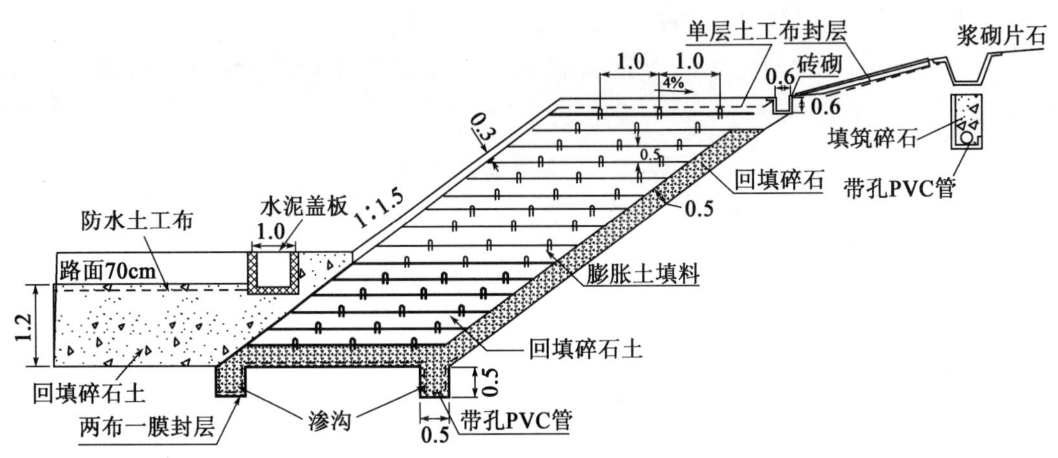

图 10.3.6-2 膨胀土挖方边坡柔性支护系统防护(单位:m)

10.3.7 膨胀土挖方边坡采用非膨胀性黏土覆盖或者置换膨胀土(简称 CNS)的防护处理时,非膨胀性黏土物理力学特性应满足表 10.3.7 要求,非膨胀性黏土覆盖层厚度可按膨胀土地基变形量和膨胀力的大小确定,宜为 1.5~3.5m。

表 10.3.7 非膨胀性黏土工法材料指标要求

<table>
<tr><th>序号</th><th colspan="3">物理力学特性</th><th>指标值范围</th></tr>
<tr><td rowspan="4">1</td><td rowspan="4">颗粒组成</td><td colspan="2">黏粒(<0.002mm)(%)</td><td>15~25</td></tr>
<tr><td colspan="2">粉粒(0.06~0.002 mm)(%)</td><td>30~45</td></tr>
<tr><td colspan="2">砂粒(2~0.06 mm)(%)</td><td>30~40</td></tr>
<tr><td colspan="2">砾石(>2mm)(%)</td><td>10</td></tr>
<tr><td rowspan="4">2</td><td rowspan="4">稠度界限</td><td colspan="2">液限(%)</td><td>30~50</td></tr>
<tr><td colspan="2">塑限(%)</td><td>20~25</td></tr>
<tr><td colspan="2">塑性指数(%)</td><td>10~25</td></tr>
<tr><td colspan="2">缩限(%)</td><td>≥16</td></tr>
<tr><td rowspan="3">3</td><td rowspan="3">压实土饱和强度
(最佳含水率、最大干密度)</td><td colspan="2">无侧限抗压强度(kPa)</td><td>15~35</td></tr>
<tr><td rowspan="2">固结直接
剪切试验</td><td>c(kPa)</td><td>10~30</td></tr>
<tr><td>φ(°)</td><td>8~15</td></tr>
</table>

10.4 膨胀土地区低路堤防排水

10.4.1 膨胀土路基排水设计应遵循以防为主、防排结合的原则,并根据气候条件、地下水、路基填挖情况,设置完善的防排水系统。

10.4.2 膨胀土低路堤防排水设计,应结合路堤结构形式与填料性质,采取设置防渗隔离垫层、包边和封盖层的“防水、保湿、防风化”综合措施,保证路堤内部膨胀土湿度稳定,防止路堤产生膨胀变形破坏：

1 防渗隔离垫层材料宜采用砂砾或碎石。当材料缺乏时，可采用石灰处治土，其底部应增设复合防排水板防渗层。

2 包边和封盖层材料宜选用非膨胀土。当材料缺乏时，可采用石灰处治土。路堤边部包边土也可采用土工格栅（格室）加筋处理弱膨胀土。

3 膨胀土路堤填筑应连续施工，及时封闭。

10.4.3 零填路段，当公路路界内地面低于路界外时，应综合考虑地形地貌特征、汇水面积、降雨强度等因素，合理设置必要的截水沟。

10.4.4 地下水位较高的低路堤路段，应在路基两侧边沟、排水沟之下设置完善的地下排水渗沟，以降低地下水位。

10.4.5 膨胀土路基挖方边坡，应完善地表和地下防排水系统，因地制宜，合理布设各种排水设施，及时引排地表水和地下水：

1 应结合挖方边坡防护形式和地下水情况，设置边坡支撑渗沟；当有集中的地下水时，应设置仰斜式排水孔。

2 堑坡顶之外 3 ~ 5m 范围的表层膨胀土，应采用换填非膨胀土、铺设防渗土工布等防渗封闭处理。

3 地下水发育路段，应在挖方边沟下设置纵向排水渗沟；路基填挖交界处应设置横向排水渗沟。

10.4.6 边沟、排水沟、截水沟、渗沟等构造与材料设计应符合本指南第 6 章有关规定。

11 盐渍土地区低路堤

11.1 一般规定

11.1.1 应调查收集沿线降水、蒸发、温度、地形地貌、水文地质及工程地质等资料，调查沿线筑路材料含盐程度、含盐层位，确定料场的可用性和应剥离含盐土的厚度；查明盐渍土的含盐类型、含盐程度及分布范围，评价盐渍土地基的承载力、盐胀性、溶陷性和表聚性。

11.1.2 路基位置应选择在地势较高、地下水位较低、排水条件好、土中含盐量低、地下水矿化度低、盐渍土分布范围小的地段，并应以路堤通过。

11.1.3 盐渍土地区低路堤设计，应根据当地积盐条件、地表水和地下水的现状，做好盐渍土地基处理、路堤结构与填料、防排水措施的综合设计，保证路堤满足强度与稳定性要求。

11.1.4 对于改建公路，应根据原有路基含盐情况、盐渍土类别及病害状况，对原有盐渍土路基处理利用和重建方案进行技术经济比较，合理确定路基改建方案。

11.1.5 盐渍土根据其性质可划分为氯盐渍土、亚氯盐渍土、亚硫酸盐渍土、硫酸盐渍土、碳酸盐渍土。按盐渍化程度分为弱、中、强、过四类，细粒盐渍土的工程分类见表11.1.5-1，粗粒盐渍土的工程分类见表11.1.5-2。

表 11.1.5-1 细颗粒盐渍土工程分类表

盐渍土名称	含盐量 (%)	盐胀敏感含水率 w 区间 (%)	盐渍土类别
氯盐渍土 亚氯盐渍土	0.3～1.0	不考虑	弱盐渍土(Ⅰ)
	1.0～5.0	8～22	中盐渍土(Ⅱ)
	5.0～8.0		强盐渍土(Ⅲ)
	>8.0		过盐渍土(Ⅳ)
硫酸盐渍土 亚硫酸盐渍土	0.3～0.5	不考虑	弱盐渍土(Ⅰ)
	0.5～1.5	8～22	中盐渍土(Ⅱ)
	1.5～3.5		强盐渍土(Ⅲ)
	>3.5		过盐渍土(Ⅳ)

续上表

盐渍土名称	含盐量（%）	盐胀敏感含水率 w 区间（%）	盐渍土类别
碳酸盐渍土	0.3～0.5	8～22	弱盐渍土（Ⅰ）
	0.5～1.0		中盐渍土（Ⅱ）
	1.0～2.0		强盐渍土（Ⅲ）
	>2.0		过盐渍土（Ⅳ）

表 11.1.5-2　粗颗粒盐渍土工程分类表

盐渍土名称	土的类别		含盐量（%）	盐胀敏感含水率 w 区间（%）	盐渍土类别
氯盐渍土 亚氯盐渍土	砾类土	含细粒土砾、砾 F≤15%	0.5～5.0	不考虑	弱盐渍土（Ⅰ）
			5.0～11.0		中盐渍土（Ⅱ）
			>11.0		强盐渍土（Ⅲ）
		细粒土质砾 F>15%	0.5～3.5	不考虑	弱盐渍土（Ⅰ）
			3.5～9.0	6～9	中盐渍土（Ⅱ）
			>9.0		强盐渍土（Ⅲ）
	砂类土	含细粒土砂、砂 F≤15%	0.5～2.5	不考虑	弱盐渍土（Ⅰ）
			2.5～4.5	5～16	中盐渍土（Ⅱ）
			4.5～8.5		强盐渍土（Ⅲ）
			>8.5		过盐渍土（Ⅳ）
		细粒土质砂 F>15%	0.5～1.5	不考虑	弱盐渍土（Ⅰ）
			1.5～3.5	5～16	中盐渍土（Ⅱ）
			3.5～7.0		强盐渍土（Ⅲ）
			>7.0		过盐渍土（Ⅳ）
硫酸盐渍土 亚硫酸盐渍土	砾类土	含细粒土砾、砾 F≤15%	0.5～3.5	不考虑	弱盐渍土（Ⅰ）
			3.5～8.0		中盐渍土（Ⅱ）
			>8.0		强盐渍土（Ⅲ）
		细粒土质砾 F>15%	0.5～2.5	不考虑	弱盐渍土（Ⅰ）
			2.5～6.5	6～9	中盐渍土（Ⅱ）
			>6.5		强盐渍土（Ⅲ）
	砂类土	含细粒土砂、砂 F≤15%	0.5～1.5	不考虑	弱盐渍土（Ⅰ）
			1.5～3.0	5～16	中盐渍土（Ⅱ）
			3.0～6.0		强盐渍土（Ⅲ）
			>6.0		过盐渍土（Ⅳ）
		细粒土质砂 F>15%	0.5～1.0	不考虑	弱盐渍土（Ⅰ）
			1.0～2.5	5～16	中盐渍土（Ⅱ）
			2.5～5.0		强盐渍土（Ⅲ）
			>5.0		过盐渍土（Ⅳ）

11.1.6 盐渍土的易溶盐测定方法与土质类别有关,细粒土易溶盐试样按现行《公路土工试验规程》(JTG E40—2007)的规定制备和测定。砂类土采用通过1mm筛孔的烘干土样300g进行测定,砾类土采用通过5mm筛孔的烘干土样300g进行测定。

11.2 盐渍土地基评价与地基处理

11.2.1 地基的盐胀评价应符合下列规定:

1 细粒盐渍土地段低路堤应进行盐胀性评价,采用地表以下1.5m范围地基土的盐胀率作为盐胀变形评价指标。

2 盐胀率可由现场观测或室内试验获得。

$$\eta = \frac{\Delta h}{H} \tag{11.2.1}$$

式中:η——盐胀率(%);

Δh——试验或观测获得的盐胀量(mm);

H——试件高度或路基盐胀有效深度(mm),盐胀有效深度一般为1.5m。

3 盐胀率的观测时间周期不足时,可采用硫酸钠含量代替盐胀率进行盐胀控制。

4 盐渍土地基盐胀率或硫酸钠含量应符合表11.2.1的规定,否则应对地基进行处治。

表11.2.1 盐渍土地基容许盐胀率

公路等级	路基高度	盐胀率 η(%)	硫酸钠含量 Z(%)
高速公路、一级公路	$h \leqslant 2$	$\leqslant 1$	$Z \leqslant 0.5$
	$h > 2$	$\leqslant 2$	$Z \leqslant 1.2$
二级公路	$h \leqslant 2$	$\leqslant 2$	$Z \leqslant 1.2$
	$h > 2$	$\leqslant 4$	$Z \leqslant 2.0$

11.2.2 地基的溶陷评价应符合下列规定:

1 地下水埋深小于3.0m或存在经常性地表水浸湿的路段,应进行地基溶陷性评价,采用地表以下溶陷影响深度4.5m范围的溶陷量作为评价指标。

2 溶陷量按式(11.2.2)计算确定。

$$\Delta S = \sum_{i=1}^{n} \delta_i h_i \tag{11.2.2}$$

式中:ΔS——溶陷量(cm);

δ_i——地基中第 i 层土的溶陷系数(%);

h_i——地基中第 i 层土的厚度(cm);

n——溶陷影响深度的计算土层数。

3 盐渍土地基溶陷量应符合表11.2.2的规定,否则应对地基进行处治。

表 11.2.2　盐渍土地基溶陷性指标

公路等级	高速公路、一级公路	二级公路
溶陷量 ΔS(cm)	<7	<15

11.2.3　一般盐渍土地基处理应符合下列规定：

1　盐胀率和溶陷量符合规定要求的低路堤路段，应对盐渍土地基表层聚积的盐霜、盐壳、生长的耐盐碱植被等进行清表处理，以控制基底的含盐量。清除深度可根据地表含盐的垂直分布和土质情况确定，宜为 0.30 ~0.50m。对清除后的基底应进行压实后再回填砂砾或砂。对于零填或浅挖路段，应结合设置隔断层的要求进行浅层换填处治。

2　盐胀率不符合表 11.2.1 规定的路段，应结合盐渍土的工程性质，采用增加清除表土厚度、换填非盐胀性土、适当提高路堤高度等措施进行处理。

3　溶陷量不满足表 11.2.2 规定的路段，应视地基溶陷程度采取清除表土、冲击压实、浸水预溶、地基置换、强夯等处理措施，并设置完善的路基排水系统。

11.2.4　盐渍化软弱地基处理应符合下列规定：

1　盐渍化软弱地基应采取换填、强夯置换、砾(碎)石桩、半刚性水泥土板垫层等地基处理措施，以提高承载力、控制变形、改善地基的盐胀性或溶陷性。处理后的地基盐胀率、溶陷量应满足表 11.2.1、表 11.2.2 规定。高速公路、一级公路地基承载力不宜小于 200kPa，二级公路、三级公路地基承载力不宜小于 150kPa。

2　换填法适用于浅层厚度小于 3.0m 的盐渍化软弱土地基处理。换填材料应采用不含盐分的中粗砂、卵石、砾石、风积沙等，并宜铺设土工格栅等土工合成材料。

3　半刚性水泥土板垫层适用于盐渍化软弱土层厚度小于 5.0m、地表含盐量小于 3.5%、路堤高度在 2.0m 以内的低路堤，半刚性水泥板垫层厚度宜为 0.25 ~0.5m，水泥剂量宜为 10%。半刚性水泥土板垫层加固盐渍化软弱地基的典型结构见图 11.2.4。

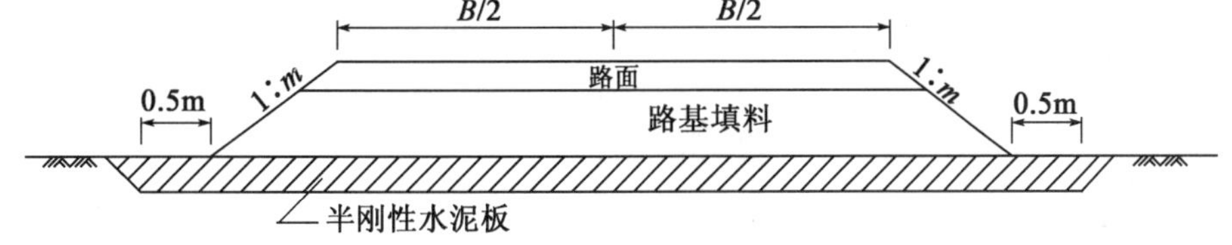

图 11.2.4　半刚性水泥土板垫层加固盐渍化软弱地基断面图

4　强夯置换法适用于厚度小于 4.0m 的盐渍化软弱土地基处理。

5　砾石桩适用于厚度大于 4.0m 的盐渍化软弱土地基处理，桩体材料中粉黏粒含量不得大于 5%，最大粒径不超过 100mm，填料透水系数应为 0.04 ~0.12cm/s。

11.3　盐渍土地区低路堤典型结构与填料

11.3.1　盐渍土地区路堤高度应符合下列规定：

1　应根据沿线地形地貌、气候、水文、地质等环境条件，充分考虑盐渍土类型、盐分表聚性、盐胀深度、冻胀深度、毛细水上升高度、地下水位埋深、地表积水深度等因素的作用影响，在满足公路使用功能要求的前提下，合理确定盐渍土地区路堤高度。

2 盐渍土地区路堤最小高度按式(11.3.1)计算确定。

$$H_{\min} = h_c + \mathrm{Max}\{h_s, h_f\} + h_w - h_g + h_k \tag{11.3.1}$$

式中：$H_{\min}$——路堤最小高度(m)；

h_c——毛细水强烈上升高度；

h_s——盐胀深度(m)；高速、一级公路宜取2m，二级及二级以下公路宜取1.5m；

h_f——冻结深度(m)；

h_w——地表积水深度(m)

h_g——最大地下水位埋深(m)；

h_k——安全高度值，宜采用0.15～0.5m。

11.3.2 优化盐渍土地区路堤设计高度，实现低路堤，可采取下列措施：

1 盐渍化程度在中盐渍土及以上、地下水位较高的路段，路堤中设置隔断层，阻断毛细水上升，可减小路堤最小高度。

2 采用清除表土、换填不含盐分的中粗砂和砂砾石、地基加固等措施降低地基土的含盐量，提高地基承载力。

3 设置完善的路基防排水系统，排出路基附近地表积水，降低地下水位。

11.3.3 路基结构设计应符合下列规定：

1 盐渍土地区低路堤设计，应根据公路等级、盐渍化程度、地下水位埋深、地表排水条件、筑路材料等，因地制宜，采用隔断层路堤、砂砾路堤、风积沙路堤等结构形式。

2 设置隔断层的路基结构：

1)隔断层设置层位应高出地面和地表长期积水位0.2m以上，并满足最大冻深的要求，以阻断水分和盐分向上迁移。新建高速公路、一级公路隔断层应设置在路床之下，二级及二级以下公路隔断层距路面顶应大于0.8m。典型结构见图11.3.3-1、图11.3.3-2。

2)隔断层的路拱横坡不应小于2%，但也不应超过5%。

3)应遵循因地制宜、就地取材的原则，合理选用隔断层材料。

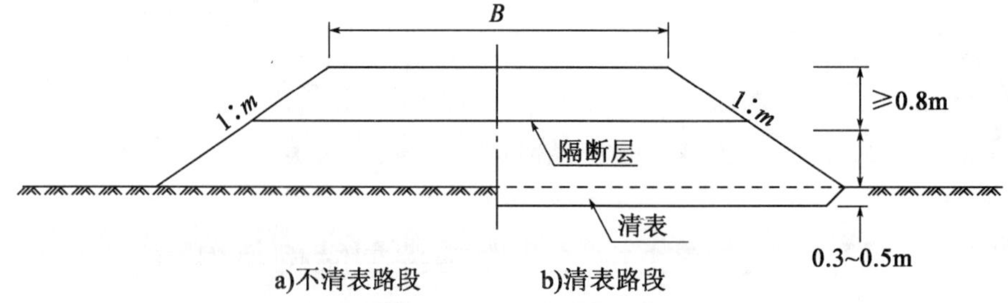

图11.3.3-1 盐渍土地区设置隔断层的路堤断面图

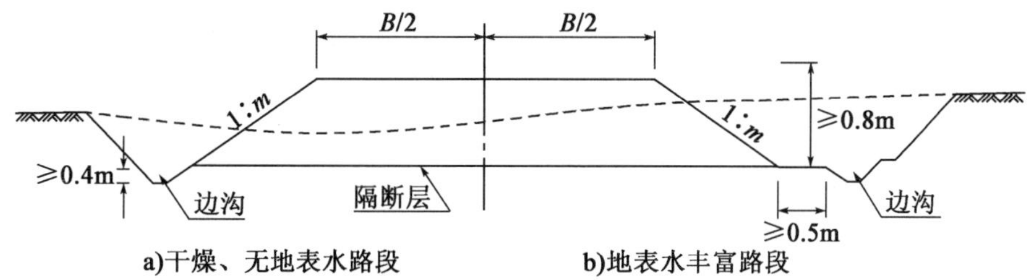

图 11.3.3-2　路堤高度小于隔断层深度要求的断面图

4)高速公路、一级公路隔断层宜采用透水性的砾(碎)石,厚度宜为0.3~0.5m,选用的砾石级配要求为最大粒径50mm,粒料里粉黏粒含量应小于5%。砾石隔断层上下应设置反滤层,反滤层宜选择透水性土工织物。

5)二级及二级以下公路隔断层宜采用复合土工布,可不设上下保护层。

6)透水性土工织物、复合土工布的技术指标、性能和铺设要求应符合《公路土工合成材料应用技术规范》(JTJ/T 019)的规定。

3　填筑风积沙的路基结构:

1)风积沙运距较近的内陆盐渍土地区,可因地制宜采用风积沙填筑路基。

2)风积沙路基宜采用两侧砂砾包边、风积沙填心、砂砾封顶的路基断面结构形式,典型结构见图11.3.3-3。砂砾包边土宽度宜采用1.25m,砂砾封顶厚度宜为0.5m。

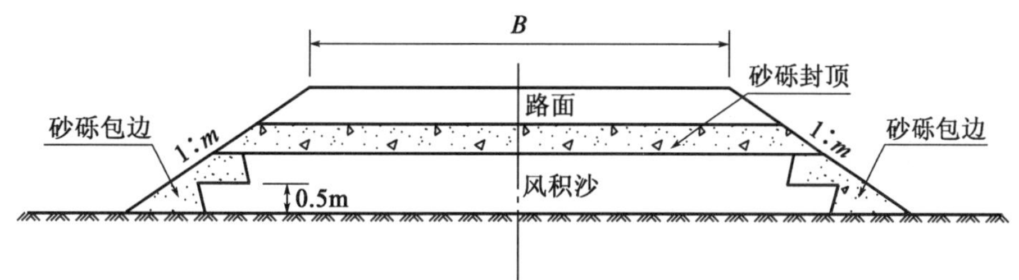

图 11.3.3-3　盐渍土地区风积沙路基断面结构图

4　地下水水位较高,毛细水进入路基本体时,宜自毛细水强烈上升高度顶面以下两侧边坡上增设护坡道,护坡道宽度不宜小于2m。

11.3.4　路基填料应符合下列要求:

1　盐渍土地区公路路基填料应根据公路等级、水文地质条件、材料类型和填土层位,按表11.3.4规定合理选用。

表 11.3.4　盐渍土地区公路路基填料选择

公路等级		高速公路、一级公路			二级公路			三、四级公路	
填土层位(m)		0~0.8	0.8~1.5	>1.5	0~0.8	0.8~1.5	>1.5	0~0.8	0.8~1.5
细粒土	盐类	氯盐渍土及亚氯盐渍土							
	弱盐渍土	×	○	○	○	○	○	○	○
	中盐渍土	×	×	○	×	▲[2]	○	×	○
	强盐渍土	×	×	×	×	×	×	×	×
	过盐渍土	×	×	×	×	×	×	×	×

续上表

公路等级		高速公路、一级公路			二级公路			三、四级公路	
填土层位(m)		0~0.8	0.8~1.5	>1.5	0~0.8	0.8~1.5	>1.5	0~0.8	0.8~1.5
细粒土	盐类	硫酸盐渍土及亚硫酸盐渍土							
	弱盐渍土	×	▲[2]	○	▲[2]	○	○	▲[2]	○
	中盐渍土	×	×	▲[3]	×	▲[3]	○	×	▲[3]
	强盐渍土	×	×	×	×	×	×	×	×
	过盐渍土	×	×	×	×	×	×	×	×
粗粒土	盐类	氯盐渍土及亚氯盐渍土							
	弱盐渍土	▲[1]	○	○	○	○	○	○	○
	中盐渍土	×	▲[1]▲[2]	○	▲[1]▲[2]	▲[2]	○	▲[1]▲[2]	▲[2]
	强盐渍土	×	×	×	×	×	×	×	×
	过盐渍土	×	×	×	×	×	×	×	×
	盐类	硫酸盐渍土及亚硫酸盐渍土							
	弱盐渍土	▲[1]▲[2]	▲[1]	○	▲[1]	○	○	▲[1]	○
	中盐渍土	×	×	▲[3]	×	▲[1]	○	×	▲[3]
	强盐渍土	×	×	×	×	×	×	×	×
	过盐渍土	×	×	×	×	×	×	×	×

注:1. 填土层位指从路面底面以下起算。
2. 表中○——可用;▲——部分可用;×——不可用。
3. ▲[1]:除细粒土质砂(砾)以外的粗粒土可用。
4. ▲[2]:水文、地质条件好时可用。
5. ▲[3]:过干旱地区经论证可用。

2 滨海盐渍土区域,砂砾材料运距较远时,路基填料可采用石灰、水泥改良氯盐渍土,并在路堤中设置必要的砂砾隔断层或土工膜隔断层。

11.4 盐渍土地区低路堤排水

11.4.1 盐渍土地区公路路基排水设计应采取防、排、疏相结合的综合措施,设置完善、通畅的排水系统,处理好与公路盐渍土病害防治措施、路面和桥涵排水设施以及农田排灌系统的衔接配合。

11.4.2 盐渍土地区地表排水设计应符合下列规定:

1 地表长期积水地段,应在路基两侧设置排(截)水沟,排(截)水沟与路堤坡脚之间的距离不应小于2m,沟底高程应低于路基隔断层不小于0.5m。

2 潮湿盐渍土地段,宜适当加深边沟或排水沟。有条件时,可设置排碱渠,排碱渠与路堤坡脚之间的距离不应小于5m,沟深应低于地表以下不小于1.0m。典型结构见图11.4.2。

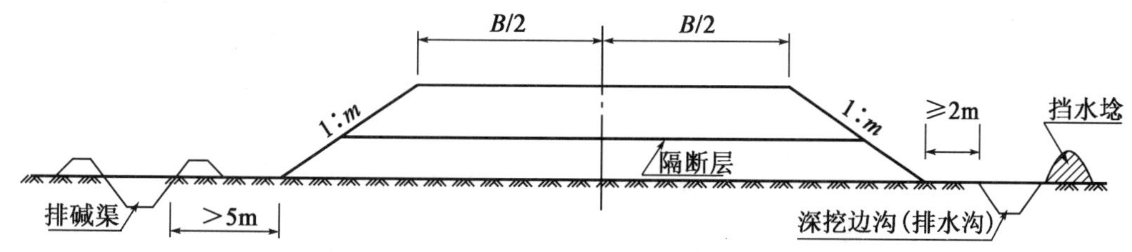

图 11.4.2 设置排碱渠和加深边沟(排水沟)的路基横断面图

3 在排水困难、占地容许的路段,可设置蒸发池,蒸发池边缘与路基坡脚之间的距离宜大于10m。

11.4.3 盐渍土地区地下排水设计应符合下列规定:

1 地下水位较高或地下存在泉眼的情况下,为拦截地下水或降低地下水位,可设置渗沟。渗沟宜设置于边沟下方,用于降低路堤两侧地下水位。

2 地下水位高的浅层盐渍化软弱土,宜在路堤底部设置排水垫层,必要时,可在垫层上铺设防渗土工布。排水垫层厚度宜为0.3~0.5m,砂砾含泥量不宜大于5%,最大粒径不宜大于50mm。

附录 A　干湿循环和冻融循环试验方法

A.1　干湿循环试验

A.1.1　主要仪器设备应包括下列内容：

1　试筒：内径为 152mm，高 170mm 的有机玻璃圆筒。

2　透水石：厚度应不小于 10mm，直径 185mm。

3　水槽：增湿土样使用，槽内水面应低于透水石顶面 2mm。

4　烘箱：可采用电热烘箱或温度能保持 105～110℃的其他能源烘箱。

5　保湿器：密封保湿，减少土样中水分散失。

6　荷载板：直径 150mm，中心孔眼直径 52mm，每块质量为 1.25kg，共 4 块，并沿直径分为两个半圆块。

7　其他：多孔板、滤纸等。

A.1.2　试验应按下列步骤进行：

1　制样：试样按照 $w_0 = w_{opt} + 2\%$ 含水率和控制压实度 K 制取，直径为 152mm、高为 120mm；称量并记录土样与试筒总初始质量 m_0。

2　增湿过程：

(1)取下试样两端残破滤纸，放上好滤纸，土样与试筒平齐端向下，在顶端安装多孔板，在多孔板上加 4 块荷载板。

(2)透水石置于水槽中，将安装好荷载板的土样及试筒放置在透水石上，向水槽中加水，保持槽内水面低于透水石顶面 2mm。

(3)土样在毛细作用下吸湿，用电子天平称重，将土样总含水率增至 $w_{opt} + 8\%$。

(4)从水槽中取出试样置于保湿器中 48h，确保试样含水率均衡。

3　脱湿过程：

(1)将增湿完成后的试样放置在烘箱中，在 40℃鼓风状态下烘干 4～5h，然后在自然状态下风干至初始含水率 w_0 状态。

(2)将脱湿后试样在保湿器中放置 48h，使试样含水率均匀。

4　干湿循环过程：上述步骤中 2～3 为土样一次完整的干湿循环过程，重复该过程即为土样多次干湿循环。

A.2 冻融循环试验

A.2.1 主要仪器设备应包括下列内容：

1 反复冻融试验装置如图 A.2.1 所示，由试样盒、恒温箱、温度控制与监测系统、水分补给系统、变形监测系统组成。

2 试样盒，由内径为 152mm、高 120mm 的有机玻璃筒和与之配套的顶、底板组成。

沿试样盒母线每隔 1cm 设热敏电阻温度计插入孔。顶底板能够提供恒温并能与外界水源相通。

3 恒温箱，箱体内温度波动范围 ±0.5℃。

4 温度控制监测系统，由低温循环浴、热敏电阻温度计以及数据采集仪组成。

5 变形监测系统，由位移传感器、数据采集仪以及计算机组成，监测试验过程中土样的变形量。

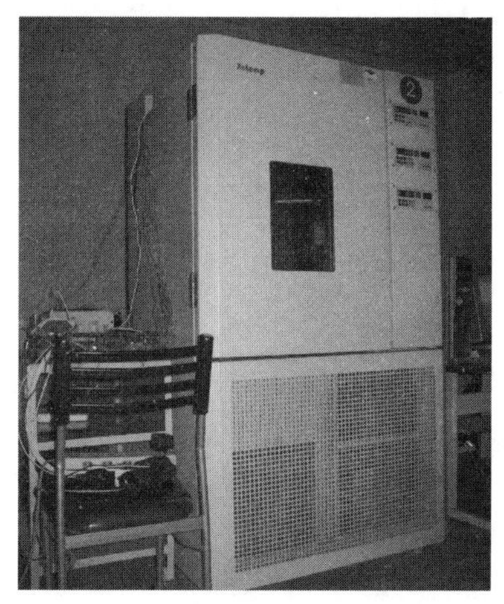

图 A.2.1 冻融循环试验装置

A.2.2 试验应按下列步骤进行：

1 制样：按照最优含水率和最佳干密度制作直径为 152mm、高为 120mm 的土样。

2 装样：有机玻璃试样盒内壁涂上一薄层凡士林，底板上放置一张滤纸，将土样放入盒中；试样顶端亦放一张滤纸，然后放上顶板，稍微用手压顶板，以使试样与顶、底板紧密接触。

3 安装变形及温度传感器：将盛有试样的试样盒放入恒温箱内，插入热敏电阻温度计后在试样周边包裹 5cm 厚的泡沫保温。连接顶底板循环冷液管路，打开水分补给开关并排除底板内空气，记录初始水位。安装位移传感器。

4 冻结过程温度设定：将恒温箱温度设置为 +1℃，顶板、底板温度分别设定为 -10℃和 +1℃，模拟土体在开放系统下的单向冻结。

5 冻结过程监测：试验开始后每隔 1h 记录水位 H、温度 T 和变形量 S 各一次。

6 冻结持续时间：一般连续冻结时间不小于 72h；也可以用以下方法校核冻结时间：第 i 次和 $i+1$ 次测量的水位、温度、变形量分别记录为 H_i、H_{i+1}；T_i、T_{i+1}；S_i、S_{i+1}。当 $H_{i+1}-H_i \to 0$、$T_{i+1}-T_i \to 0$、$S_{i+1}-S_i \to 0$ 时校核土样完全冻结时间。

7 融化过程：土样完全冻结后将水分补给开关关闭，顶板温度调为 +5℃，保持底板温度为 +1℃，土样开始双向融化。融化时间为 12h。

8 土体完全融化后，将顶板温度调至 +10℃且持续 12h，以模拟季冻土春融后夏秋季节高温期水分的重新分布过程。

9 反复冻融：上述步骤 2～8 为土样一次完整的冻融循环过程，重复该过程即为土样反复冻融。反复冻融次数不少于 5 次。

本指南用词说明

为准确地掌握指南条文，对要求严格程度的用词，采用如下写法：

1　表示很严格，非这样做不可的用词：

正面词采用“必须”；反面词采用“严禁”。

2　表示严格，在正常情况下均应这样做的用词：

正面词采用“应”；反面词采用“不应”或“不得”。

3　表示允许稍有选择，在条件许可时首先应这样做的用词：

正面词采用“宜”；反面词采用“不宜”。

4　表示有选择，在一定条件下可以这样做的用词，采用“可”。

附件

《公路低路堤设计指南》

条 文 说 明

1 总 则

1.0.1 进入21世纪,我国公路建设实现了跨越式发展,到2009年底,高速公路通车总里程达6.5万km。目前我国平原地区高速公路路堤高度较大,路基平均填土高度3.7~4.5m,占用土地多,与周围环境不协调。随着国家高速公路网的全面实施,环境和资源的约束作用更加突出。

国外公路多采用低路堤技术,低路堤方案是缓解公路建设与环境、资源约束作用之间矛盾的有效途径。近几年来,我国高速公路建设中已开始采用低路堤方案,但低路堤技术应用尚处于起步阶段,低路堤技术的推广应用,关键是解决环境因素(如水、冰冻)和汽车荷载对路基强度与变形的作用影响,以及路基路面排水和通道设置困难等技术难题。

为了更好地指导新形势下的公路建设,统一公路低路堤设计技术指标,交通运输部决定编制《公路低路堤设计指南》,完善路基设计方法,达到节约资源、降低造价、保护环境的目的,促进公路建设与自然环境和谐发展。

1.0.3 路堤高度是公路设计中一项综合技术经济指标,它直接影响公路的使用功能、质量、工程造价和占地面积。平原地区高速公路路堤高度除受设计洪水位控制外,主要受下穿道路的通道净高和通航河流的桥下通航净空高度控制,在村庄、地方道路、通航河流密集区,低路堤方案需归并通道、增设辅道、支线上跨等,配套工程建设规模大,低路堤方案的优势不显著。因此,应根据项目所处地形、地质、水文等自然条件,以及村镇、航道、道路网等分布特点,进行不同路堤高度方案的综合比选论证,因地制宜,合理确定路堤高度。

公路低路堤应有合理的高度。若路堤过低,低路堤长期受水的剧烈影响,路基强度低,在汽车荷载作用下,将产生较大的塑性变形,导致路基路面破坏。低路堤设计,应综合考虑环境因素(水、冰冻)和汽车荷载对路基土长期性能的作用影响,在满足公路功能需求和路基性能要求的前提下,合理确定低路堤高度,使工程造价、对社会经济环境影响等方面达到综合平衡。

目前,我国农村机械化、现代化程度不高,若地方道路都上跨高速公路,将给当地农业生产与居民出行带来不便,增加低路堤方案的实施难度。因此,在设计阶段,不仅要做好高速公路总体设计,也要做好与当地政府协调工作,根据沿线地方道路网(特别是农村道路)的规划,合理确定横向通道的跨越形式,并做好地方连接配套工程的总体设计和建设,为实施低路堤方案创造条件,使整个项目社会效益、经济效益达到最优。

1.0.4 公路低路堤设计的关键问题是路基的强度、稳定性和耐久性。低路堤的长期性能受环境(水、冰冻等)和汽车荷载作用影响大,干湿循环或冻融循环作用将降低低路堤强度,如果汽车荷载在低路堤内产生的动应力超过了填料的强度,或者路基产生了较大的塑性变形,都将引起路面的变形破坏。

低路堤设计不能简单地套用《公路路基设计规范》(JTG D30—2004)有关 CBR 强度的规定,应根据项目所处的地形地质、水文、气候特点和汽车荷载要求,充分考虑环境因素(水、冰冻)和汽车荷载作用影响,基于路基路面协调设计原理,采用路基强度与变形综合控制的设计思想,做好地基、路堤、路面综合设计,保证低路堤长期性能满足工程使用要求。

1.0.5 公路低路堤设计高度应满足《公路路基设计规范》(JTG D30—2004)的有关规定,必须把公路安全放在首位。在沿河(海)堤防标准满足公路路基设计洪水位要求时,可采用内涝洪水位作为路基设计高度的控制标准。

3 低路堤的合理高度与实现途径

3.1 一 般 规 定

3.1.1 ~ 3.1.3 路基高度是公路设计中一项综合技术经济指标，它直接影响公路的使用功能、质量、用地面积和工程造价，也对沿线居民生产、生活和社会活动等产生很大的影响。在满足公路使用功能、保证路基长期性能、方便沿线工农业生产和居民出行的情况下，如何合理确定路基填土高度，实现低路堤建设目标，使工程造价、节约土地以及对社会经济环境影响等方面达到综合平衡，是一个迫切需要解决的问题。

影响路基高度的因素很多，主要包含自然环境、公路使用功能、交通安全、环境景观和社会经济等方面，若单纯考虑公路本身的工程技术经济因素，难以实现低路堤高速公路建设目标。因此，在设计中必须妥善处理好公路建设与当地社会经济发展的关系、公路建设与农田水利建设的关系以及高速公路网与地方道路网的衔接配合。通过综合研究分析，做好总体规划与项目总体设计，优化路线平纵面设计，认真进行方案比选论证，合理确定高速公路与被交道路的立体交叉、通道、辅道的总体布局，以及公路总体建设规模，因地制宜采用低路堤高速公路建设方案，才能达到节约资源、保护环境、促进公路建设与自然相和谐的目的。

3.2 低路堤的合理高度

3.2.7 在确定路基工作区深度时，常采用 J. Boussinesg 公式，将汽车荷载产生的动应力转换为静应力计算确定。

未考虑路面影响的路基工作区深度按式(3-1)确定。

$$h_{wd,a} = \sqrt[3]{\frac{KnP}{\gamma}} \tag{3-1}$$

式中：$h_{wd,a}$——未考虑路面材料影响的路基工作区深度(m)；

P——作用在路基上的车轮荷载(kN)；

n——系数，$n=\frac{1}{10}\sim\frac{1}{5}$；

γ——路基土的重度(kN/m^3)；

K——应力系数，$K=\frac{3}{2\pi}$。

考虑路面厚度和材料刚度的影响，则路基工作区深度按式(3-2)、式(3-3)确定。

$$h_{wd} = h_{wd,a} - h_e + h_p \tag{3-2}$$

$$h_{wd} = h_{wd,a} - \sum h_{pi} \sqrt[2.5]{\frac{E_{pi}}{E_0}} + h_p \tag{3-3}$$

式中：h_{wd}——考虑路面材料影响的路基工作区深度(m)；

h_e——换算为路基土层厚度的当量厚度(m)；

h_p——路面结构层总厚度(m)；

h_{pi}——路面各结构层的厚度(m)；

E_{pi}——路面各结构层抗压回弹模量(MPa)；

E_0——路基填土的抗压回弹模量(MPa)。

按照《公路工程技术标准》(JTG B01—2003)规定的汽车荷载计算，未考虑路面影响的路基工作区深度为2.69m，考虑路面材料影响的路基工作区深度，按高速公路半刚性基层沥青路面典型结构厚度78cm计算，行车荷载作用的动应力影响深度仅至上路床部位，与国内室内外测试结果相比较，说明按照考虑路面的厚度和材料刚度影响的J. Boussinesg修正公式所得的路基工作区深度过小。

根据国内相关工程实测结果，并采用考虑路基路面协调作用的动力计算分析，路基工作区深度范围为1.5～2.5m。

3.2.9 长期以来，设计中将路床处于中湿状态的临界高度作为路基最小填土高度，路基高度与强度设计没有与汽车荷载挂钩，没有考虑在汽车荷载作用下的路基变形问题。当路基填土高度较大或汽车荷载较小时，汽车荷载对路基和地基土的作用影响尚不显著；但对于低路堤来说，尤其是重型、特重交通公路的低路堤，在汽车荷载作用下，路基将产生较大的塑性变形，并加剧软土地基的沉降变形，导致路基路面产生早期的变形破坏。因此，确定路基最小填土高度时，在考虑路床所处的水文状态的同时，必须要考虑汽车荷载作用下的路基工作区深度。

季节性冰冻地区，冻融循环作用对路基路面长期性能影响较大。设计中将路床处于中湿状态的临界高度作为路基最小填土高度，尚未充分考虑道路冻深和冻结水上升高度对路基的影响。

本指南综合考虑设计洪水位、中湿状态路基临界高度、路基工作区深度、道路冻结深度的影响，给出了确定路基最小填土高度的计算公式(3.2.9)。

3.3 低路堤的实现途径

3.3.1 确定路基最小填土高度后，还必须做好总体规划与项目总体设计，采取综合技术措施，降低路堤高度，才能实现低路堤建设目标。

本指南在充分总结了国内已建低路堤高速公路工程经验的基础上，结合我国国情，提出了优化路堤高度的技术途径：

1 调整路网规划，适当归并乡村道路，合理布设分离式立交和通道。

2 优化路线平纵面线形设计,合理选用路线纵断面设计指标。

3 选用能降低桥梁建筑高度的桥型方案和明涵(通道)。

4 设置路基防排水垫层或保温隔热层,降低路堤临界填土高度。

在设计中,应根据项目的实际情况,因地制宜,灵活运用。

3.3.2 实现低路堤建设目标,最突出的问题是如何处理好高速公路与地方道路的关系,如何解决高速公路两侧居民横向通行的问题。设计中,遵循既方便居民出行、又避免居民反复穿越高速公路的原则,合理调整地方道路网布局,尽可能减少横向通道的数量,是降低路堤填土高度的十分有效的技术措施。

根据农村路网的特点,适当归并与调整沿线横向穿越道路和配套建设沿线辅道,有利于实现现有路网的纵向沟通,带动和促进沿线经济发展和城镇化建设,提高农业机械化耕作水平。如能以低路堤高速公路建设为契机,合理归并调整横向道路,适当提高横向道路的技术等级,对促进地方道路网的改造、改善地方交通具有重要的意义。

调整地方道路网的工作,需要得到地方政府和沿线居民的大力支持。在勘察设计中,应加强与地方政府和交通部门的沟通和协商,统筹考虑高速公路与地方道路网的总体设计,为实施低路堤高速公路创造良好的条件。

3.3.4 一般来说,在人口稠密、活动频繁的地区,横向通道设置的间距为0.5km,以汽车交通为主的发达国家,横向通道的间距可达4km以上。我国农村以人力车、自行车、兽力车、拖拉机为主要交通工具,所需的横向通道较多,目前人行、机耕、汽车等通道多为下穿高速公路,导致路基填土高度较大。我国农村机械化耕作水平逐年提高,对通道的净高和净宽的需求也愈来愈高,通道的形式和数量已成为控制高速公路路基填土高度的一个主要制约因素。

从国内已建低路堤高速公路的情况看,每公里平均通道数为1~2道,上跨高速公路的分离式立交的设置间距为2~4km。上跨高速公路的分离式立交与下穿高速公路的通道布设采用交错布置,大小孔径的通道合理搭配。被交等级公路、汽车与机耕通道宜上跨高速公路,人行通道宜下穿高速公路,基本能满足当地居民出行的要求,也为农村机械化发展提供了空间。如河南商开高速公路,通道数平均每公里为1.99道,分离式立交平均间距为2.5km,既满足了地方交通的需要,又降低了路基平均高度。

设计中,应根据当地村镇和人口的密度与分布特点,结合地方道路网现状和社会经济发展水平,以及未来农村经济发展的需求,合理确定横向通道的结构形式和通道的密度,进行分离式立交、通道和天桥的总体布局设计。

下挖式通道易产生积水,不利于当地居民出行,应优先采用自流排水方式。若采用抽水泵站排水方式,应与当地政府协调解决公路运营期间的管理与设施维护问题。采用渗井排水方式,应建设好与之配套的水源保护设施,避免污染地下水。

3.3.5 高速公路跨越地方道路的立交桥的结构形式及跨径大小也对路基填土高度产

生一定的影响，选择跨线桥结构形式及跨径时，在满足被交叉公路的建筑限界、视距和对前方公路识别、通视、桥型景观等要求的前提下，应尽量采用上部结构建筑高度较小的桥梁结构形式，以尽量降低路堤填土高度。几种典型桥型结构形式的建筑高度见表 3-1。

表 3-1　常用桥梁上部结构形式建筑高度

桥梁跨径(m)	不同桥型的建筑高度(m)				
	T 形梁	组合箱梁	空心板梁	宽幅空心板梁	现浇连续箱梁
20	1.30	—	0.95	1.00	1.20
25	1.60	1.40		1.20	
30	1.90	1.60			
35	2.20	1.80			

3.3.7　本指南第 3.2.6 条给出了自然条件下路床处于中湿状态时的路基临界高度，当路基中湿状态下临界填土高度超过 1.5m 时，可采取在路基底部设置防水层、防冻层和排水垫层的措施，减小毛细水上升高度，降低路堤临界填土高度。

4 一般地区低路堤

4.1 一般规定

4.1.1~4.1.5 低路堤具有下列特点：

(1)路基高度低,气候和地下水等环境因素对路床材料性能影响较为显著,经过长期干湿循环或冻融循环作用,路基中水分将产生迁移和重分布,土压实时初始含水率(接近最佳含水率)不断增大,最终达到平衡状态的含水率,此时路基强度将产生较大的衰减。

(2)汽车荷载对路基作用影响显著,若路基强度小于动应力,将产生较大的塑性变形。

(3)汽车荷载产生的动应力不能在路基本体中得到有效的扩散,汽车荷载在地基土(尤其是软弱地基土)作用深度较大,地基土在路基静荷载作用下产生压缩沉降的基础上,还将产生较大的永久残余变形。

(4)汽车荷载作用使地基产生的永久残余变形发生在公路通车运营之后,施工期间尚无有效的工程措施来提前消除。

低路堤设计应充分考虑上述因素,针对各公路的交通量大小和轴载组成、路基高度、气候环境特点等进行路基填料设计,既要保证路基长期强度能抵抗汽车荷载的作用,又要适当提高路基刚度,使动应力在路基本体中得到有效扩散,尽量减少汽车荷载对地基的作用。

在勘察设计中应做好广泛勘察试验和交通量调查工作,查明不同土质的工程性质,尤其是公路所处环境下长期强度的变化规律,以及用于路基填料的适宜范围;细粒土处治措施;确定拟建公路汽车荷载等级及路基工作区深度,为低路堤设计提供可靠的设计参数。

4.3 填 料

4.3.2 现行相关设计规范是采用 CBR 和压实度指标进行路基质量控制,CBR 是表征路基填料水稳定性的评价指标,对于表征路基本体在自然环境和汽车荷载作用下的长期性能的指标与控制标准、以及与路面协调设计等方面,现行相关规范尚不完善,不能适应低路堤高速公路建设需求。

(1)国内对典型土质和处治土的动强度随干湿循环、冻融循环的变化规律研究成果

①天津大学赵明龙、王建华、梁爱华等进行了干湿循环对水泥改良土疲劳强度影响的

试验研究。试验采用振动三轴仪，频率 0 ~ 10Hz，最大轴向动荷载 70kg，土样一为粉质黏土，塑限含水率 17.4%，液限含水率 29%，塑性指数 11.6；土样二为粉土，采用水泥改良，水泥掺合比为 4%，重型压实度 90%。试验研究了多次干湿循环过程对改良土疲劳强度的影响，得到了如下结论：

水泥改良粉质黏土在 1 次干湿循环后，饱和土样的疲劳强度下降了 30%，在 2 次干湿循环后，饱和土样的疲劳强度下降了 32%，在 3 次干湿循环后，饱和土样的疲劳强度下降了 35%。表明 1 次干湿循环后，水泥改良土的疲劳强度的衰减基本趋于稳定，与 1 次干湿循环后的疲劳强度相比，第 3 次干湿循环后改良土的疲劳强度只降低了 5%。见表 4-1、图 4-1。

表 4-1　不同干湿循环次数下改良粉质黏土的动力特性比较

干湿循环次数	静强度（kPa）	疲劳强度（kPa）	疲劳强度/静强度	塑性应变（%）
0	711	404.56	0.569	0.81
1		284.40	0.400	0.92
2		276.58	0.389	0.99
3		265.20	0.373	1.18

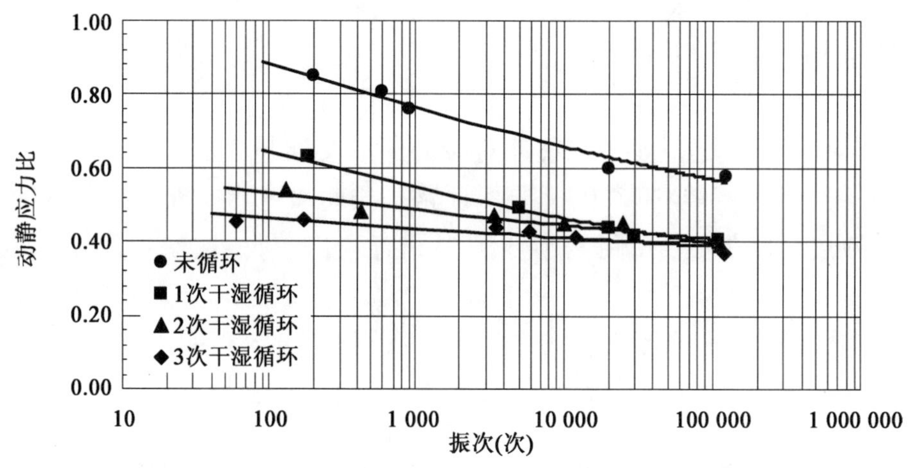

图 4-1　不同干湿循环下改良粉质黏土的疲劳强度曲线

水泥改良粉土在 1 次干湿循环后，饱和土样的疲劳强度下降了 15%，在 2 次干湿循环后，饱和土样的疲劳强度下降了 35%，在 3 次干湿循环后，饱和土样的疲劳强度下降了 37%。表明 2 次干湿循环后，水泥改良土的疲劳强度的衰减基本趋于稳定。见表 4-2、图 4-2。

②吉林大学魏海斌、刘寒冰等进行了冻融循环对粉煤灰土动强度影响的试验研究，土样为粉质黏土，粉煤灰为硅铝型，$SiO_2 + Al_2O_3 + Fe_2O_3$ 的质量分数为 78.13% ~88.64%，CaO 的质量分数为 4.12% ~7.02%，烧失量 1% ~5.26%。试验填料的主要物理性质见表 4-3。

表 4-2　不同干湿循环次数下改良粉土的动力特性比较

干湿循环次数	静强度(kPa)	疲劳强度(kPa)	疲劳强度/静强度	塑性应变(%)
0	614	388.66	0.633	1.25
1		335.86	0.547	1.38
2		249.90	0.407	1.54
3		244.99	0.399	1.64

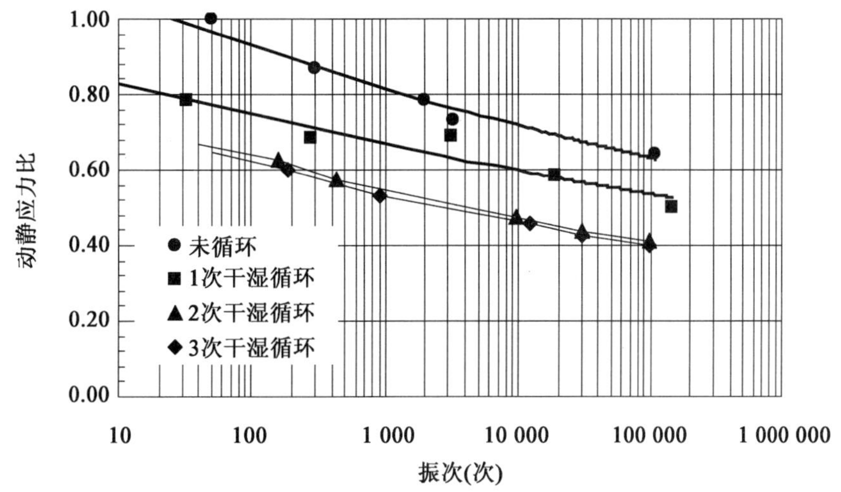

图 4-2　不同干湿循环下改良粉土的疲劳强度曲线

表 4-3　填料的物理性质

试　　样	塑限(%)	液限(%)	塑性指数	最佳含水率(%)	最大干密度(g/cm^3)
粉煤灰土(1:2)	27	37	10	26.3	1.44
粉质黏土	22.4	34	11.6	21.0	1.63
粉煤灰	—	46.5	—	36.8	1.09

土样与粉煤灰按干质量1:2混合，按最佳含水率、最大干密度击实制样，试件饱和度85%～90%，采用室内冻融试验，温度梯度为1℃，从0℃到－5℃，每24h调节一次，再从－5℃到0℃，每24h回调一次，此过程为一个冻融循环。每次冻融循环后取出试件进行不固结不排水动三轴试验，其他试件继续做冻融循环试验。试验采用多功能电液伺服动三轴仪，振动频率1Hz，围压分别为100kPa、200kPa、300kPa。将破坏应变定为弹性应变与塑性应变之和的5%为破坏标准。试验结果见表4-4、图4-3、图4-4，得到下列结论：

表 4-4　粉煤灰土和粉质黏土经冻融循环1、2次后强度下降率

围压(kPa)	粉煤灰土强度下降率(%)		粉质黏土强度下降率(%)	
	1次循环	2次循环	1次循环	2次循环
100	20	31	52	65
200	22	25	63	72
300	5	6	70	75

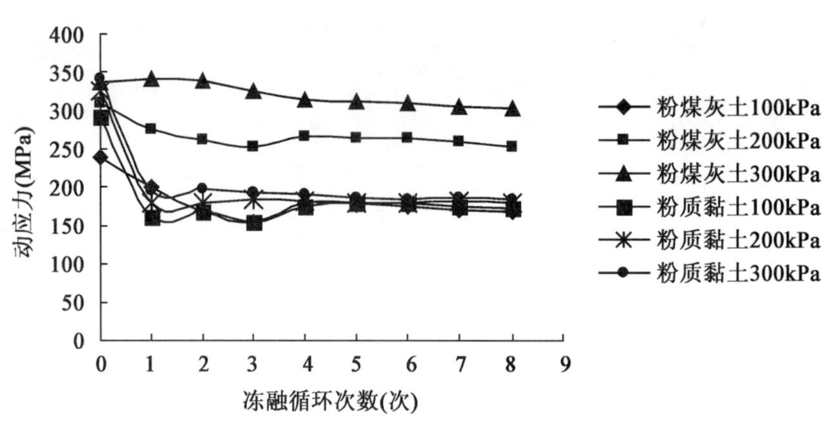

图 4-3 粉煤灰土与粉质黏土的动强度随冻融循环次数变化曲线

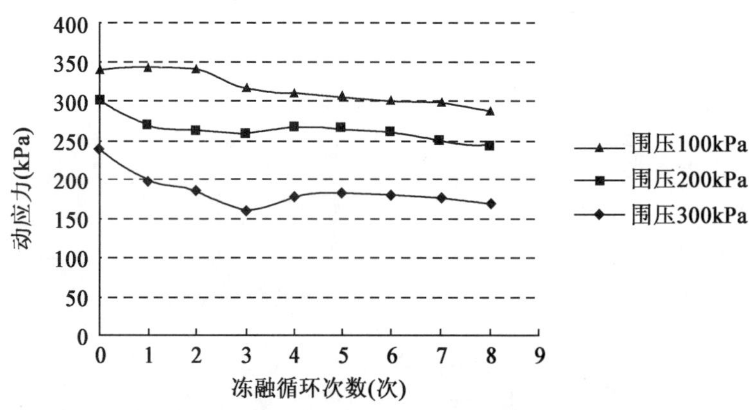

图 4-4 粉煤灰土动强度随冻融循环次数变化曲线

经过 1 次、2 次冻融循环后，当围压 100kPa 时，粉煤灰土与粉质黏土的动强度接近；围压 200kPa 时，粉煤灰土比粉质黏土高 46.45% 和 38.3%；围压 300kPa 时，粉煤灰土比粉质黏土高 78.94% 和 76.04%。经过 3 次冻融循环后，粉质黏土动强度下降较小，逐渐趋向稳定，且强度不随围压变化而变化。

4 次冻融循环后粉煤灰土强度趋于稳定，且随着围压的增大而提高，围压 300kPa 时比 200kPa 时的强度提高 18.77%，比围压 100kPa 时的强度提高 59.97%。在围压 200kPa 和 300kPa 时粉煤灰土强度分别高于粉质黏土的 40% 和 60%。经过 4 ~ 5 次冻融循环后，粉煤灰土的动强度较稳定。

③处治土的干湿循环强度衰减系数。铁道部《京沪高速铁路路基结构形式及填料改良优化研究》成果表明，干湿循环强度衰减系数与土质、气候环境（失水率）关系密切，处治土干湿循环强度衰减系数见表 4-5。

表 4-5 处治土干湿循环强度衰减系数

素土土类	塑性指数 I_p	失水率(%)	强度衰减系数	附注
粉黏土	$I_p < 10$	0 ~ 45	1.0	$K = 0.95$
	$10 < I_p < 17$	15	0.95	$K = 0.95$
		30	0.85	
		45	0.7	

续上表

素土土类	塑性指数 I_p	失水率(%)	强度衰减系数	附注
黏土	$17 < I_p < 20$	15	0.95	$K = 0.90$
		30	0.85	
		45	0.7	

注:表中 K 为重型压实系数。

(2)国外公路路基设计指标体系与标准

①澳大利亚

澳大利亚路基设计采用 CBR 评价路基的承载能力,规定了路基顶面的容许压应变标准,给出了不同降雨量、路基排水状况下 CBR 试验条件,不同土质 CBR 推荐值,以及路基顶面的容许压应变方程(式 4-1):

$$\varepsilon_z = 9.3 \times 10^{-3} N_e^{-0.143} \tag{4-1}$$

式中:ε_z——土基顶面的容许压应变;

N_e——设计期内设计车道上的累计当量轴载作用次数(次)。

②日本

日本路基设计采用 CBR 值评价土基的承载能力,给出了路床永久变形的破坏标准计算式,并规定路床厚度应使其承受的压缩应力不小于 0.004MPa。

③法国

法国设计标准轴载为 130kN,不同路基承载能力等级的模量值见表 4-6,路基垂直变形的极限值公式见式(4-2):

表 4-6 路基承载力等级

承载力等级	PF1	PF2	PF3	PF4
模量(MPa)	20	50	120	200

垂直变形的极限值公式:

$$\varepsilon_z = 0.012 N_e^{-0.222} \tag{4-2}$$

对于高速公路和施工期间需要运行重载车辆时,路基的承载力应达到 80MPa,130kN 轴载作用下,最大弯沉值不大于 1.5mm;对于一般道路,路基的承载力应达到 50 MPa,130kN 轴载作用下,最大弯沉值不大于 2mm。

④德国

a. 路基土的分类

根据土的分类,其抗冻性等级见表 4-7。

表 4-7 抗冻性等级划分

类别	抗冻性	土类 按德国 DIN 18196 标准划分
F1	不易冻土	GW,GI,GE; SW, SI, SE
F2	中等易冻土	TA;OT,OH,OK ST, GT;SU,GU

续上表

类　别	抗 冻 性	土类 按德国 DIN 18196 标准划分
F3	严重易冻土	TL, TM;UC,UM,UA;OU ST*,GT*, SU*, GU*

b. 回弹模量

F2 和 F3 类路基土回弹模量 E_{v2} 应大于 45MN/m²。F1 类路基土回弹模量 E_{v2} 大于 120MN/m²(交通等级为Ⅴ和Ⅵ时,回弹模量 E_{v2} 大于 100MN/m²),可以不设防冻层。

⑤美国

美国 LTPP 针对 137 处投入运营道路的路基进行了现场调查,其中 78 处路基为粒状土,59 处为黏性土。59 处黏性土路基的现场实际含水率都大于最佳含水率,且大部分路基处于非饱和状态,含水率分布于 $w_{opt} \sim (w_{opt}+7\%)$ 之间。

回弹模量与材料强度和指数特性的关系见表(4-8):

表 4-8　回弹模量与材料强度和指数特性的关系(NCHRP 1 -37A, 2004)

强度/指数特性	换 算 公 式	注　释	试 验 标 准
加州承载比	$MR\ (MPa) = 17.6(CBR)^{0.64}$	CBR =加州承载比(%)	AASHTO T193
强度仪法 R - value	$MR\ (MPa) = 8.0 + 3.8R$	R = R - value	AASHTO T190
AASHTO 结构层模数	$MR\ (MPa) = 207\ (ai/0.14)^3$	ai = AASHTO 结构层模数	AASHTO 路面结构设计手册(1993)

土基表面的竖向压应变与控制永久变形的允许荷载重复作用次数可用下式表示:

$$N_e = 1.365 \times 10^{-9}(\varepsilon_z)^{-4.477} \tag{4-3}$$

要求路基土承载能力等效回弹模量 Mr 大于 62MPa,当 Mr <62MPa 时,一般需要进行路基土处治,处治深度 0.152 ~0.305m。

⑥南非

南非采用 CBR 值评价土基的承载能力,并给出了不同路基设计等级的 CBR 指标,见表 4-9。

表 4-9　不同路基等级 CBR 值

等　级	路基 CBR(%)	等级	路基 CBR(%)
SG1	>15	SG3	3 ~7
SG2	7 ~15	SG4	<3

综上所述,借鉴国外公路路基设计方法,针对我国公路低路堤特点,考虑路基路面协调设计,细则提出了以 CBR 和 E_0 作为低路堤设计指标与控制标准。同时,充分考虑环境因素和汽车荷载对低路堤长期性能的作用影响,避免在汽车荷载作用下路基产生塑性变形,提高路基路面耐久性,本指南提高了特重交通和重大交通公路路基工作区的最小强度与模量的控制标准。

4.3.5 当细粒土强度不能满足设计要求时,应进行物理处治或化学处治。应根据不同土质选择适宜的改性材料,进行不同配合比的室内物理力学性质试验,优化配合比,使其满足本指南表4.3.2高速公路路基最小强度与抗压回弹模量要求,并提出处治后的主要技术参数(CBR、E_0、配合比)。

4.4 地基表层处理

4.4.2 低路堤的地基表层处理很重要,一方面通过提高地基表层土的压实密实度,降低毛细水上升高度,减少地下水对路基本体的影响;另一方面提高地基表层土强度和刚度,可减小动应力对下伏软弱地基的影响。

《公路路基设计规范》(JTG D30—2004)规定:"路基填土高度小于路面和路床总厚度时,应将地基表层土进行超挖、分层回填压实,其处理深度不应小于重型汽车荷载作用的工作区深度"。对于低路堤,由于汽车动荷载在路基本体中得不到有效扩散,其在地基中的作用工作区深度较大,如果片面强调处理深度不应小于重型汽车荷载作用的工作区深度,将使地基表层土翻挖深度大,增加工程处理难度,且对地基表层的"硬壳层"产生扰动破坏,使地基土产生较大的塑性变形。

指南本着"既提高地基表层土的强度和承载能力、又充分保护利用表层'硬壳层'"的原则,提出了地基表层处理深度的计算方法。设计时应根据路堤高度和路基工作区深度,因地制宜确定地基表层土处理措施及处理深度,当地基中工作区深度超过1m时,可采用换填粒料土或处治土。

5 低路堤防护

5.1 一 般 规 定

5.1.1 公路低路堤在雨水、风力、水流、波浪及冰冻等自然因素影响下,可能导致边坡冲蚀、坍塌、路基损坏等病害。为保证路基稳定,除做好排水设施外,还必须根据当地条件,因地制宜地采用经济合理的防护措施。低路堤路基的防护主要是防止边坡冲蚀。采取植物防护不仅消除了施工痕迹,防止冲蚀发生,稳定了路基边坡,而且能使公路景观协调,获得良好的环保效益及舒适的行车条件。

降雨对坡面侵蚀有三个过程,首先是雨滴击溅侵蚀,进而形成片状水流侵蚀,最后在水流集中处出现细沟侵蚀,破坏作用最强,细沟逐步加大形成较大的冲沟,引起坡面滑塌等破坏。而植被对土壤的透水性、抗蚀性和抗冲性都有良好的提高作用,它可有效抑制侵蚀发生。野外大量对比观测结果表明,植被的抗侵蚀能力对低路堤,特别是缓边坡低路堤的防护作用显著。它的护坡效果主要表现在拦截雨水、减缓径流和防止水土流失等方面。所以,低路堤防护应以植物防护为主,采用时还应重视植草的前期管理工作,特别是重视前六个月成苗期的养护管理。

6 低路堤防排水

6.1 一般规定

6.1.1 低路堤区别于一般路基主要是承重的路面结构距地下水位或地表常水位较近，车辆荷载与水影响的耦合作用，致使低路堤易产生病害，所以解决水的问题是低路堤设计的关键。降低地下水位、迅速排除地表水、地表浅层滞水是排水工程设计的途径。

6.2 地表防排水

6.2.3 低路堤排水设计应注意排水构造不应产生淤积或积水，排水构造沟底纵坡一般应大于0.5%，不得已时方可按照不小于0.3%采用。

从安全和景观角度，浅碟式排水沟（边沟）或放缓边坡漫流排水形式对于地形平坦、纵坡平缓的低填基适应性较好。排水沟（边沟）可与原地面舒缓自然衔接，应克服沿路基边缘设置规则深排水沟所带来的行车不安全隐患，同时应形成流畅优美的视觉效果。

6.2.5 低路堤排水工程防护主要是冲刷防护，宜采用植草防护形式。当计算水流速度大于表6.2.5所列规定时，应采用相应的防护形式。

6.2.8 对于下穿道路，应重视下挖段的排水设计，避免雨季积水，影响车辆及行人正常交通。下穿道路排水应尽量采用自流的方式排除。地下水位较高的平原区，下挖段汇集的表面水无法排出时，应设立泵站，使用水泵排水。水泵的型号应按排水量和扬程要求选择。重要的下穿道路，每个泵站应至少配置2台水泵。在下挖段的两端，应设置泄水口、排水沟等排水设施，拦截和引排上游方向的地表水，以减少地表水流入下挖段。下穿道路在上跨构造物洞口内的最小纵坡不宜小于0.15%～0.30%，纵断面的最低点宜尽可能布置在洞口外。下挖段的路肩宜采用较大的横向坡度。在洞口内的下挖段边沟应加大过水断面面积，并宜采用矩形横断面，顶上加盖带槽孔的混凝土板。在最低点处设置集水井，并布设地下排水管，将汇集的水引排到邻近的低地或水沟内。

7 软土地基低路堤

7.1 一般规定

7.1.3 对于低路堤，由于路堤填土高度的降低，地基中一部分软土层将位于汽车荷载作用的深度内，从而使得地基中软土层受到附加荷载，产生新的沉降。实际的观测资料表明，大部分低路堤的路段在通车以后都会有沉降速率增大的现象。研究结果表明，汽车荷载对于低路堤的工后沉降有较大影响。

日本藤川贺之对佐贺空港高速的研究结果表明，汽车荷载引起的部分沉降约占总工后沉降的50%，约为400～600mm。

国内河海大学、广东省公路勘察规划设计院结合深汕高速公路k129＋450试验监测分析表明，汽车荷载引起低路堤软土地基沉降变形量为13.7mm。同济大学结合上海软土地基特点进行了汽车荷载引起低路堤软土地基沉降变形研究，得到路基高度1m、汽－20级车辆荷载作用次数1 000 000次时，引起1.7m～9.0m深度范围的软土地基残余变形为44.18mm。

综上所述，汽车荷载引起的低路堤软土地基沉降变形量不可忽略。本指南规定软土地基低路堤设计时，应充分考虑行车荷载的动应力引起路基和地基土产生的塑性变形。

7.1.4、7.1.5 汽车荷载对于低路堤的工后沉降有较大影响。结合国内工程经验的调研分析，若要减少汽车荷载引起的低路堤软土地基沉降变形，需要结合路基路面结构设计，适当提高路基刚度，提高路堤对动应力的扩散能力，并充分保护利用地基表层的"硬壳层"，减小软土地基中动应力峰值及其影响深度。这样才能充分发挥低路堤的优势，避免对低路堤软土地基进行深层处理，节省工程投资。

国内某软土地区高速公路，低路堤高度2m，地基表层"硬壳层"厚度1～2m，软土厚度6～8m。设计对地基表层进行超挖、换填片碎石处理，建成通车半年后，软土地基产生的沉降量达160cm，变形仍未稳定。

本指南规定软土地区低路堤设计，宜适当提高低路堤强度和刚度，并结合路基填料的强度和刚度设计优先考虑浅层处理措施，充分保护和利用地基表层的"硬壳层"效应。

7.2 软土地基路堤稳定与变形计算

7.2.3 对于饱和土，汽车荷载引起的低路堤软土地基沉降变形由两部分组成，即汽车荷载作用下软土塑性变形和循环动应力引起超孔隙水压力消散而产生的沉降。国内外对汽车荷载作用下软土地基沉降变形量的计算方法进行了研究,归纳起来为下列三种计算方法:

(1)基于动三轴试验的计算方法。

(2)有限元分析的计算方法。

(3)基于考虑汽车荷载作用的单杠杆固结试验的计算方法。

从工程实际情况看,目前尚无成熟的解析计算方法,对计算结果也缺乏长期监测数据予以验证。为定量分析评价汽车荷载引起的低路堤软土地基沉降变形量,本指南采用拟静力法。

7.2.6 汽车荷载作用使地基产生的永久残余变形发生在公路通车营运之后,施工期间尚无有效的工程措施来提前消除。软土地基处理设计时应充分考虑这一特点,不能沿用现行的工后沉降量确定原则与方法,若不考虑动荷载作用使地基产生的永久残余变形量,按照路堤静荷载作用来设计预留的工后沉降量,通车后,随着动荷载引起的软土地基永久残余变形的发生和发展,将使路基路面产生较大的差异变形,导致路面变形开裂破坏。

因此,本指南针对低路堤的特点,给出了低路堤软土地基工后沉降量的确定方法。

7.3 软土地基处理

7.3.2 本指南针对软土地基低路堤特点,结合国内工程经验的总结分析,归纳给出了低路堤适宜的软土地基处理方法及适用条件,设计时应根据拟建公路的具体情况,遵循先浅层处理、后深层处理的原则,通过技术经济比较,因地制宜确定软土地基处理方案。

低路堤软土地基处理,欠载预压将预留较大工后沉降量,其效果欠佳。等载或超载预压的效果较好,但将占用较多土地,采用真空预压则可较好地解决工后沉降与节约土地的矛盾。设计时应根据工程情况,遵循节省投资、节约土地的原则,合理确定低路堤软土地基预压方案。

当软土强度极低时,慎用 CFG 桩处理方法。CFG 桩桩土应力比大,桩土应力协调欠佳,桩周软土强度低时,桩受力后产生倾斜而使 CFG 桩受剪破坏,桩体破坏多发生在桩上部。若采用 CFG 桩方案,应加强桩顶垫层刚度和整体性设计,以协调桩土共同作用。

7.3.3 低路堤自重应力引起软土地基沉降量较小,汽车荷载作用下软土地基变形量占总沉降的比例较大。通过设置垫层来提高其对动应力的扩散能力,减小软土地基中动应力值及其影响深度,是减少汽车荷载作用下软土地基沉降变形的有效措施。

可采用下列方法估算汽车荷载传递至垫层底面的附加应力:

(1)将路面、路基整体结构按式(7-1)转换为三层体系(见图 7-1)。

(2)当计算垫层底面动应力时,E_1、H_1 为以垫层动态回弹模量(1 000MPa)为基准的等效厚度。地基表层厚度(H_2)可取 1.0m。

（3）查图 7-2，得到 100kN 轴载作用下垫层底面的动应力。

（4）按照式（7-2）计算设计轴载作用下垫层底面的动应力。

（5）判别垫层底面的动应力值是否满足式（7.3.3-1）要求，若满足要求，垫层的厚度与模量即为设计值。否则，应调整垫层厚度与模量，重新计算。

（6）根据垫层设计模量，进行垫层材料设计。

$$H_1 = \sum_{i=1}^{n-1} \sqrt[2.4]{\frac{E_i}{E_1}} h_i \tag{7-1}$$

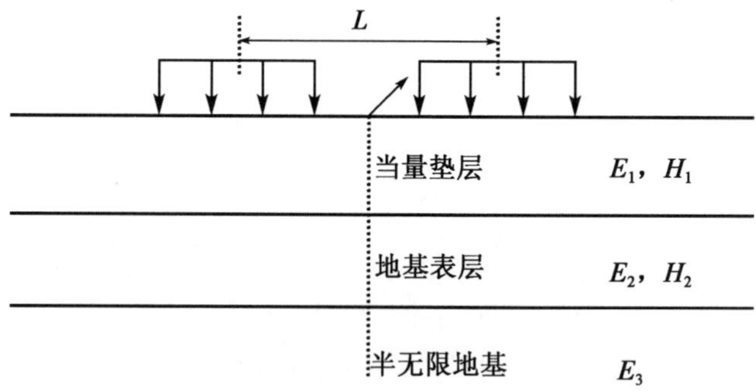

图 7-1 沥青路面路基垫层底面动应力计算图示

$$\sigma_d = \sigma_{d100} \times \frac{P}{100} \tag{7-2}$$

式中：σ_d——设计轴载作用下垫层底面动应力（kN）；

σ_{d100}——100kN 轴载时垫层底面动应力（kN），查图 7-2；

P——设计标准轴载（kN）。

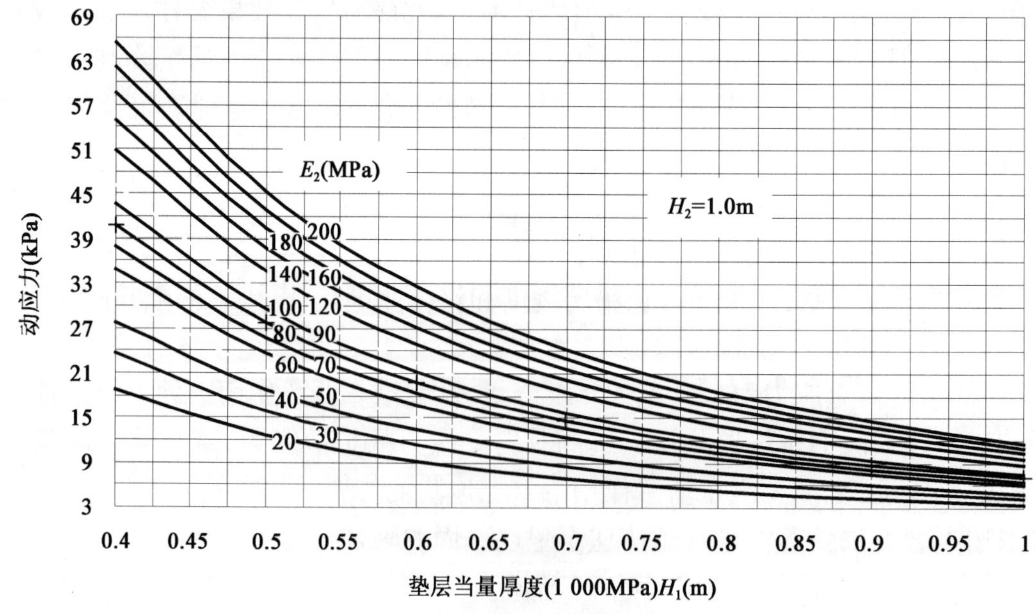

图 7-2 垫层底面动应力值

7.3.10 软土地区路基与桥台及路基与横向构造物过渡段、地层变化较大处和不同软土地基处理措施连接处的差异变形较大,但低路堤对这一差异沉降变形的协调能力较弱。因此,应在上述部位设置过渡段,采取逐渐过渡的地基处理方法,将沉降差控制在0.4%以内,同时应在上述部位采取加铺土工格栅或土工格室等防裂措施。

8 平原水网区低路堤

8.1 一 般 规 定

8.1.1~8.1.4 江浙沪、河北、湖北、安徽等平原水网区高速公路建设取得了巨大成就，积累了较丰富的建设经验。平原水网区经济发达，人口密度大，地方道路密集，土地资源匮乏。在保证公路使用功能的前提下，如何降低路堤填土高度、节约土地？江苏省开展了低路堤高速公路建设技术研究和工程实践，目前已建成通车的低路堤高速公路有：苏州绕城西高速公路、盐通高速公路、连盐高速公路、宁杭高速公路等。本指南充分吸收了已建成的典型低路堤高速公路工程经验，供设计参考。

8.2 平原水网区低路堤典型结构与填料

8.2.1 低路堤应有合理的高度。江苏交通科学研究院承担的“江苏省高速公路合理降低路基填土高度综合技术研究”，研究了江苏省区域划分及不同区域特征，从社会、经济、自然环境和工程技术四个影响路基填土高度的因素出发，筛选出合适的评价指标，建立了路基填土高度评价层次结构模型，获得了不同区域合理的路基填土高度。本指南结合课题研究成果和江浙沪、河北、湖北、安徽等平原水网地区已建公路路基高度的调研统计资料，提出了平原水网地区低路堤的适宜高度。

8.2.2~8.2.6 平原水网区具有地势低洼、地表水系发达、地下水位高、软弱地基分布广、优质填料缺乏的特点。低路堤设计，应着重做好路基路面综合设计与防排水体系设计。

在重复荷载作用下，低路堤易产生不可恢复的残余变形。相关试验研究表明，路基的永久变形随路堤弹性弯沉和加荷次数的增加而增大，当加荷次数一定时，路堤弹性弯沉越小，即路堤强度越高，永久变形值越小。要求低路堤具有足够的强度和良好的水稳定性，以抵抗重复荷载作用下的路基永久变形。

一般情况下，平原水网区低路堤宜采用掺石灰填筑的断面形式，已建低路堤大部分是采用掺石灰处理的路基，目前通车情况良好，经验值得借鉴。另外在石料比较丰富的地区，可以采用水稳定性好和强度高的石料，既可避免水对路基耐久性的影响，又能增强路基强度。

当路基填土高度小于路基工作区深度时，汽车荷载不仅作用于路堤，而且作用于天然地基上部土层。为保证路基工作区的深度,需进行换填处理,常采取的措施是翻松晾晒、换填、土工格栅加筋等,换填深度应与换填材料的回弹摸量相匹配。如换填材料的回弹模量大,换填深度可浅些;反之亦然。

地基表层出现“弹簧土”是平原水网地区公路建设的典型现象,一般采用石灰土或水泥土在底部形成底板,底板压实可采用先轻型压实、后重型压实的措施。

8.3 平原水网区低路堤防排水

8.3.1 公路排水设计对路基的稳定及路面的使用寿命具有显著的影响,路基的强度和稳定性与水的关系密切,特别是地表长期积水、毛细水作用对路基的强度与稳定性构成极大危害。

排水系统工程是由各种拦截、汇集、输送、排放地表水或地下水的排水设施和构造物组成的总体。目的是将可能危害路基稳定的地面水和地下水通过适当的排水设施,迅速排出至路基范围以外,将路基工作区内的路基含水率降低到规定的范围内,确保路基稳定。

平原水网区低路堤防排水设计除遵循一般路基设计的要求外,应着重处理好防水层、排水垫层、渗沟和边沟的合理设置。

8.3.2 ~ 8.3.4 排水垫层主要起承载、排水、隔离作用。它能提高地基承载力,切断毛细水上升路径,并排除路基底部的积水。排水垫层适用于地下水位高、存在过湿土层及浅层软弱土层的路段。

垫层材料应具有良好的排水能力和渗透性,宜采用颗粒级配良好、质地坚硬的中砂、粗砂、砂砾、卵石和碎石。在缺少砂砾的地区,可采用复合防排水板。

渗沟是排除浅层地下水的有效排水形式。平原水网区低路堤一般采用在边沟下设置盲沟降低地下水,通过设置盲沟主动引流地下水,把地下水疏导至路基范围以外,从而消除地下水的危害,提高土体的强度。

地下水位较高路段可采用纵横向盲沟,上海低路堤有成功经验,为了减少水对路基的侵害,设计常采用在路基中设纵、横连通的透水管盲沟系统,有效降低地下水位对路基的影响。

8.3.6 低路堤在基底开挖过程中应做好地下水的处理,保持基坑土体干燥。因为地下水的浸泡会使土体抗剪强度下降,同时土体还将受到向上的浮力和渗透力的作用。对于细砂和粉砂土层,若发生流砂现象,土体将完全丧失承载能力,施工条件恶化。若发生管涌现象,将会破坏地基土的强度,形成空洞,产生地表塌陷。为了改善施工环境,积极为路基施工创造条件,需降低地下水位。施工过程中在路基两侧开挖临时性深边沟是效果较好的方法,对于水文地质条件比较复杂的地下水,需要通过较详细的调查、勘探及试验,采取综合排水措施治理。

9 季节性冰冻地区低路堤

9.1 一 般 规 定

9.1.1～9.1.4 《公路沥青路面设计规范》(JTG D50)根据冻结指数对冰冻区进行划分,如表9-1所示。综合相关标准和我国公路的实际冻融病害的严重程度,本指南所指的季节性冰冻地区主要为冻结指数在800以上的中、重冰冻区。

表9-1 冰冻区划分表

冰冻区划分	重冰冻区	中冰冻区	轻冰冻区	非冰冻区
冻结指数(℃)	≥2 000	2 000～800	800～50	≤50

在季节性冰冻地区,降低路基高度有如下优点:①减轻荷载,减少道路的工后沉降;②提高路基的整体稳定性,防止边坡坍塌;③提高边坡的抗冲刷能力;④行车安全性提高;⑤有利于环保,减少对周边环境的破坏;⑥路基的侧向约束增强;⑦减少差异冻胀。

低路堤的不利方面有:①低路堤的含水率更易受到自然环境的影响,如地下地表水的渗透、毛细作用,因此其含水率普遍较高,冻融作用强烈,路基的强度(CBR值或模量)降低幅度大,在行车动荷载的作用下,有可能导致路基的翻浆冒泥;②路基强度的降低会导致路面结构层产生很大的应力(主要是弯拉应力),最终导致路面的开裂、沉陷、平整度下降、车辙和壅包等病害,严重影响了道路的服务水平,甚至引起交通的中断;③汽车荷载对路基会产生一定的影响。

季节性冰冻地区道路的主要病害是冻融对路基路面结构层的影响,抬高路基是防治道路冻害的有效措施。以往我国为了减轻或防止冻融作用对高速公路的影响,经常采用高路基的方式,虽达到了减轻或防止冻融的目的,也占用了大量土地。由于土地是不可再生性资源,通过抬高路基防冻抗冻的方式已难以持续。欧美国家的高速公路基本为低路堤,多采用厚层沥青路面和良好的防排水措施确保道路的使用质量与使用寿命。随着我国公路建设用地日趋紧张和农村人口的城镇化,采用低路堤是发展的方向,应牢固树立低路堤的设计理念并贯穿于整个设计过程。同时对低路堤必须采取相应措施确保路基路面的使用质量和耐久性,避免出现早期损坏或使用寿命缩短。

季节性冰冻地区道路病害的主要根源为道路的冻胀,对道路冻胀影响程度较大的因素分别是:地下水、土质、温度。根据《内蒙古河套灌区季节冻土冻胀水分分布规律》一文的介绍,冻胀量 z_j 与冻前地下水位埋深 h_0 的关系曲线呈三次抛物线,表达式见式(9-1)。据《冻土地区建筑地基基础设计规范》(JGJ 118—98)相关资料,地下水位对冻胀的影响程度见表9-2。

$$z_j = 16.09 - 1.16h_0 - 9.85h_0^2 + 3.11h_0^3 \quad (9\text{-}1)$$

表 9-2 地下水位对冻胀的影响程度

土 类	地下水距冻结线的距离 L(m)				
亚黏土	$L>2.5$	$2<L\leqslant2.5$	$1.5<L\leqslant2.0$	$1.2<L\leqslant1.5$	$L\leqslant1.2$
亚砂土	$L>2.0$	$1.5<L\leqslant2.0$	$1.0<L\leqslant1.5$	$0.5<L\leqslant1.0$	$<L\leqslant0.5$
砂性土	$L>1.0$	$0.7<L\leqslant1.0$	$0.5<L\leqslant0.7$	$L\leqslant0.5$	—
粗砂	$L>1.0$	$0.5<L\leqslant1.0$	$L\leqslant0.5$	—	—
冻胀类别	不冻胀	弱冻胀	冻胀	强冻胀	特强冻胀

路基填料对减轻冻胀具有重要的作用,不同填料的冻胀系数差别巨大,尤其是路基融化后的承载力不同,粗粒土即使产生冻胀,融化后仍能保持足够的强度,满足路面的要求。因此选用好的填料是确保道路质量的基本条件,技术可靠、效果显著。

吉林省对道路冻害状况进行了详细的调查(表 9-3)。从表 9-3 可见,大部分冻害的发生路段位于路堑路段。路堑路段由于开挖而成为一个人工低地和渗水沟,地下潜水在此汇集(有的路堑边坡上常年有水渗出),地下潜水的水分补给成为影响路基冻胀翻浆最重要的原因,因此季节性冰冻地区的公路宜填不宜挖。

表 9-3 吉林省 2000 ~ 2001 年冻害钻探调查状况

调查年份	调查路段编号	位置(里程)	挖 填 类 型	路面损坏情况
2000 年春季	ZK1	长平线,k103 + 250,左幅	平坦(基本零开挖)	纵向裂缝延长约 1km,沟状车辙
	ZK2	长平线,k107 + 150,右幅	平坦(基本零开挖)	翻浆而致鼓胀和沉陷,路面积水
	ZK3	长营线,k37 + 425,右幅	挖方	纵向裂缝断续延伸约 700m
	ZK4	长平线,k51 + 850,右幅	平坦(基本零开挖)	路面状况完好,此孔供比较用
	ZK5	长平线,k6 + 200,右幅	挖方	纵向裂缝断续延伸约 30m
	ZK6	长平线,k6 + 600,右幅	挖方	翻浆而致深宽槽状沉陷,曾多次修复(最近 1 次是 1999 年)
	ZK7	长平至长吉高速匝道入口	挖方	沉陷,继续纵向裂缝
	ZK8	长吉线,k64 + 700,右幅	挖方	沉陷和隆胀,无裂缝
	ZK9	长吉线,k47 + 900,左幅	挖方	有横向裂缝和鼓胀
	ZK10	长平线,k109 + 500,左幅	挖方	1999 年曾翻修过,又出现隆胀、沉陷及纵向裂缝
2001 年春季	ZK1	长余线,k98 + 554,右幅	深挖方,挖深 4.4m 左右	纵裂,钻探时顶面已被推过,未见裂缝
	ZK2	长余线,k118 + 884,左幅	浅挖方,挖深 1.5m 左右	纵裂,钻探时所见裂缝宽度 <1cm,有的已闭合,很不明显

续上表

调查年份	调查路段编号	位置(里程)	挖填类型	路面损坏情况
2001年春季	ZK3	长余线,k135+750,左幅	深挖方,挖深4.6m左右	纵裂,钻探时在地表很难观察到裂缝,但在先前所挖探坑中可见裂缝
	ZK4	长余线,k4+426,左幅	深挖方,挖深5.1m左右	纵裂,钻探时地表未观察到裂缝,但可见地表局部已出现隆胀沉陷的翻浆现象
	ZK5	长平线,k105+500,左幅	高填方,填高4.0m左右	在行车道鼓胀翻浆,有车辙
	ZK6	长平线,k20+997,右幅	深挖方,挖深6.7m左右	翻浆,深宽车辙
	ZK7	长平线,k84+900,右幅	浅挖方,挖深1.0m左右	纵长裂缝严重,延伸300~400m,车辙
	ZK8	营白线,k129+650,左幅	低填方,堤高1.6m左右	水泥路面两侧均出现纵长裂缝,最长达65m
	ZK9	营白线,k113+860,右幅	低填方,堤高1.85m左右	水泥路面右侧纵裂严重,延伸约200m
	ZK10	长营线,k47+150~200,左幅	高填方,填高10.2m左右	行车道上纵向裂缝,延伸约80m
	ZK11	长营线,k4+120,左幅	深挖方,挖深6.8m左右	行车道上纵向裂缝,断续延伸约230m
	ZK12	长吉线,k15+850,右幅	深挖方,挖深6.5m左右	纵长裂缝,长约30m
	ZK13	长吉线,k48+750,右幅	深挖方,挖深11m左右	圆弧形裂缝,弦长约10m多

注:本表数据引自吉林省"路基冻害分析和防治措施研究"项目研究报告。

本指南表9.1.4引用《公路工程抗冻设计与施工技术指南》关于土的冻胀性分类法。

季节性冰冻地区道路可能会经过一些沼泽软土或不良地质路段,这些路段的路基整体稳定与工后沉降控制对路面质量有重要影响,因此对此类地区的地质状况应调查清楚。

9.2 季节性冰冻地区低路堤典型结构与填料

9.2.1~9.2.3 路基工后变形(沉降或隆起)对路面结构层的影响不同,汽车荷载对路基各层的作用力也不同,路基发生变形的位置越接近路面,其对路面的影响越直接。因此越往上对路基的强度与稳定性的要求亦越高,基于此9.2.2条提出了路基不同层位土质类别和冻胀等级要求。

现有的调查资料表明,路堑路段的冻胀病害远较填方严重,故表9.2.2将路基分为填方与路堑两类,以便确定不同的填料。对挖方路段的土质要求也更高,以有效控制冻胀,减少冻害。

相关工程表明同样的路基路面结构由于地下水埋深的不同会导致截然不同的结果,

因此应根据地下水位选择路基填料。研究表明:①重冰冻区的冻结指数为2 000℃时,大地冻深平均为1.5~1.6m,转换为道路冻深后路基的冻深为1.3~1.4m;②中冰冻区的冻结指数为800℃时,大地冻深平均值为0.7~0.8m,路基的冻深为0.4~0.5m;③轻冰冻区的冻结指数小于800℃时,大地冻深为0.4~0.5m,路基的冻深已很小。因此路基的冻深一般在1.5m以内。对冻胀有影响的还有不同冻结水的上升高度,见表9-5。路基冻深与冻结水上升高度之和除黏质土外均在3m以内。当采用黏质土填筑路基时,由于其渗透系数小,因此冻胀量并不一定大。另据吉林省《路基冻害分析和防治措施研究》表明,各种填料的极限毛细上升高度在3m左右(图9-1),超过3m的土的含水率较少,以不冻结的强结合水为主(或低于起冻含水率),因此本指南以3m作为距地下地表水位划分标准,该划分标准也较简化,便于操作。

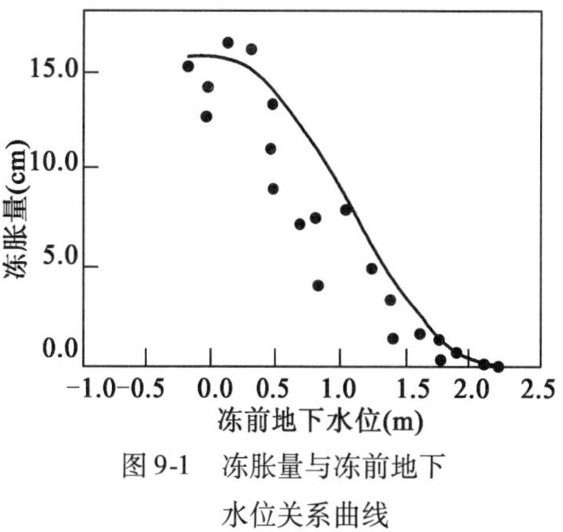

图9-1 冻胀量与冻前地下水位关系曲线

表9-5 不同土质冻结水上升高度

土质类别	含细粒土砾 含细粒土砂	细粒土质砾 黏土质砂	粉土质砂	粉质土	黏质土
冻结水上升高度(m)	0.6~0.8	0.7~0.9	0.8~1.0	1.2~1.5	2.0~2.5

土的冻胀水分有气态水、液态水和毛细水,对于砂砾类材料的冻胀以气态水的凝结为主,这有些类似于锅盖效应或冬天窗户玻璃的结冰。吉林省对冻胀路段的调查表明,含有一定细粒料的砂砾层有可能出现较大的冻胀量,当砂砾料含有15%左右的细粒土时,填料的含水能力比纯砂砾要大,其冻胀量将比纯砂砾料大得多,融化后土的强度较纯砂明显降低。据吴紫汪《土的冻胀性试验研究》一文,纯砂砾料即使在含水率较高时冻胀率也相对较小。因此对于重、中冻胀地区的上路床采用Ⅰ类土时,其细粒土(粒径小于0.075mm含量)含量宜尽量少。对于细粒土的冻胀则以毛细水的上升与冻结为主,试验证明,若没有外来水分的持续补充,路基的冻胀量不会太大。

确保春融时路基的强度是防止冻害的基础。砂砾类材料的透水性好,能够迅速排出融化水,即使在含水率较高的情况下仍能保持相当高的强度,因此在路基的上路床部分应采用Ⅰ类土,下路床承受汽车动荷载的作用相对小些,对于地下水位低的情况可适当放宽些。挖方路段冻胀较路堤更易发生和严重,因此对填料的要求要高于路堤。

9.2.4 对于一些砂石料缺乏的地区,可以采用水泥、石灰、粉煤灰等固化剂稳定细粒土。据黑龙江省某试验路5年观测资料分析,基垫层材料及路基在冻融反复作用下强度衰减系数为:水泥稳定砂砾20%~25%,石灰土30%~40%,砂垫层25%~30%,路基25%~30%。稳定细粒土冻融后长期强度较差,因此条文建议用于路堤的下路床和上路堤,对于上路床要求用水稳性好的砂砾料。

9.2.6 我国季节性冰冻地区的范围很广，青藏高原、西北和东北等地的地质状况差异明显，包括了高原、荒漠、戈壁、草炭沼泽、高山平原、永久与多年冻土区等不同的类型。因此设计人员应根据地质条件等具体情况，结合当地的工程经验进行针对性的处治设计，以确保路基的整体稳定与工后沉降控制。

9.3 道路冻胀量的计算与控制

9.3.2 道路的总冻胀量中路基的冻胀量约占90%，因此以路基的冻胀量表示道路的总冻胀量是可以接受的。路基的冻胀受气候、地下水、地层潜水和土质等因素的综合影响，国内水利、建筑和公路部门对此问题进行了大量的研究，取得了丰富的成果，提出了众多的经验与理论公式。但因冻胀的影响因素众多，所需计算参数难以完全准确掌握，冻胀计算结果往往具有一定的偏差，因此进行路基的抗冻融设计时应结合当地的成功经验。

当实测冻胀量存在困难时，可依据冻深和冻前(冻结初期)地下水位，按下列方法确定地表冻胀量：

(1)黏性土(黏土、粉质黏土、重壤土和中壤土)的地表冻胀量查图9-2。当计算点冻结期内有承压水或充分的外来水补给时，应取逸出点补给水表面为冻前地下水位，并按图9-2查得的冻胀量再增加10%～15%。当设计冻深大于1.8m时，地表冻胀量可按设计冻深1.8m取值。

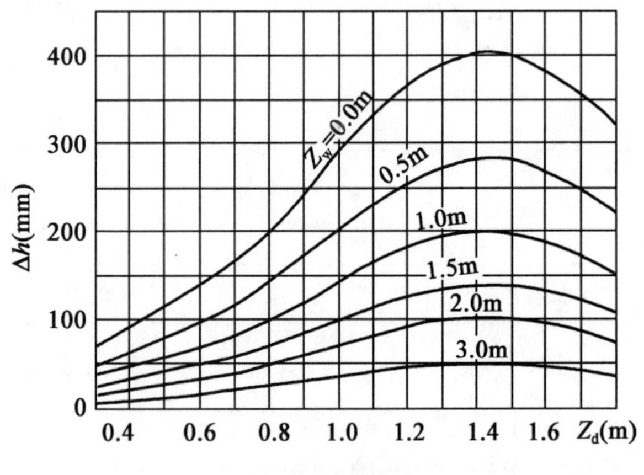

图9-2 黏性土地表冻胀量取值图

(2)砂性土(砂土、砂壤土)的冻胀量可查图9-3。当计算点的设计冻深大于1.6m时，地表冻胀量可按设计冻深等于1.6m取值。

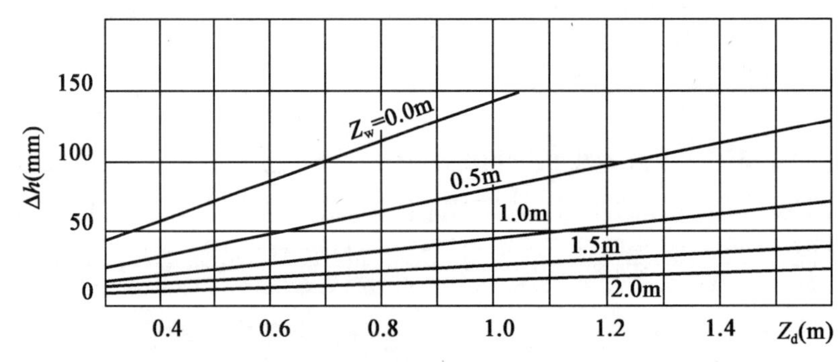

图9-3 砂性土地表冻胀量取值图

本条文采用分层总和法计算路基的冻胀量概念清晰，计算简单。对计算结果有关键影响的参数是土的冻胀率。土的冻胀率试验采用单向自由冻结试验，含水率控制分封闭系统、补水系统两种，其中封闭系统根据土的含水率的实际分布状况调整确定。一般而言,补水系统试验方法对某些具有地下潜水汇集的路堑路段较符合实际情况,但对路堤试验结果偏于安全。

9.3.3 冻融对路面的影响有三个方面:

(1)差异冻胀引起路面的附加应力,严重时会导致路面开裂。

(2)对路面平整度的影响。

(3)导致春融期间路基的翻浆,在行车荷载的作用下,产生路面的疲劳开裂、壅包、车辙和沉陷等病害。

因此提出路基的冻胀控制标准是为了减轻或防止出现路面冻胀开裂、平整度达不到要求和翻浆等三种病害。

对于冻胀控制指标可分为总冻胀和差异冻胀量(或差异冻胀率)。差异冻胀是各点的总冻胀之差,两者间具有较好的相关性,参照我国现行《公路路基设计规范》(JTG D30—2004)和前苏联《柔性路面设计规范》的规定,提出以路基总冻胀值作为抑制路面裂缝和控制平整度的设计指标。道路冻胀控制标准值的确定直接关系到各种处治措施的选用,也涉及技术与经济的平衡问题,过高的标准虽有利于提高道路的质量与抗冻能力,但也会增加相应的投资。对于冻胀控制标准的确定基于两方面的考虑,一是路面结构层对差异变形的承受能力,二是对平整度的影响。关于路基变形(沉降或隆起)对路面的影响,我国开展了一些研究,认为路基的差异变形率在0.5%以内不会导致路面结构性开裂。我国吉林省在2001~2002年度对长余线的某段冻胀情况实测结果如表9-6所示,这三个点在观测时均没有出现纵向裂缝,总冻胀量也较大。表9-7列出了吉林省、黑龙江省交通科学研究所和路基设计手册提出的路面容许冻胀值,该表数据引自《公路工程抗冻设计与施工技术指南》。

表9-6 长余线冻胀实测特征值

编号	总冻胀量平均值(mm)	最大挠度值(mm)	差异冻胀率(%)	挠 曲 类 型
1	17.58	44.8	0.45	外大内小,反向挠曲
7	41.22	21.5	0.22	外大内小,正向挠曲
12	45.76	26.5	0.27	外大内小,正向挠曲

表9-7 不同研究成果对路基冻胀值的规定

<table>
<tr><td rowspan="3">吉林省路面冻胀观测研究</td><td>路面类型</td><td colspan="6">次高级沥青路面</td></tr>
<tr><td>路基总冻胀值(mm)</td><td>20</td><td>40</td><td>50</td><td>60</td><td>70</td><td>80</td></tr>
<tr><td>路面不平整度(mm)</td><td>3.0</td><td>6.0</td><td>8.0</td><td>10.0</td><td>11.5</td><td>13.2</td></tr>
<tr><td rowspan="3">黑龙江省路面冻胀观测研究</td><td>路面类型</td><td colspan="6">水泥混凝土路面</td></tr>
<tr><td>路基总冻胀值(mm)</td><td>20</td><td>40</td><td>50</td><td>60</td><td>70</td><td>80</td></tr>
<tr><td>路面不平整度(mm)</td><td>1.0</td><td>3.2</td><td>4.2</td><td>5.3</td><td>6.3</td><td>7.4</td></tr>
</table>

续上表

<table>
<tr><td rowspan="3">《公路工程抗冻设计与施工技术指南》观测研究</td><td>路面类型</td><td colspan="4">二灰碎石基层</td></tr>
<tr><td>路基总冻胀值(mm)</td><td>20</td><td>30</td><td>40</td><td>50</td></tr>
<tr><td>路面不平整度(mm)</td><td>3.0~5.0</td><td>5.0~7.0</td><td>5.0~9.0</td><td>10.0~12.0</td></tr>
<tr><td rowspan="2">公路设计手册（路基）</td><td>路面类型</td><td>水泥混凝土</td><td colspan="2">沥青混凝土</td><td>次高级路面</td></tr>
<tr><td>容许冻胀值(mm)</td><td>20</td><td colspan="2">40</td><td>60</td></tr>
</table>

注：前苏联建设部柔性路面设计规范中规定现浇水泥混凝土路面路基的容许冻胀值为30mm，水泥混凝土装配式路面路基的容许冻胀值为40mm。

9.4 季节性冰冻地区低路堤防排水

9.4.2 地表排水的重点是路堑路段，路堑边坡坡面往往有地下潜水渗出，加强边沟排水可以减少地表水对路基的下渗与水平渗透。所以条文提出纵坡和铺砌要求，较大的纵坡有利于排水；暗沟易堵塞及产生冻结而不宜使用。提出设置坡脚护道可防止路基受水浸泡冲蚀。

路基中地下水的排水设计主要引用了《公路工程抗冻设计与施工技术指南》的相关内容。对于排水不良地段的地下水也有人提出了设置渗井的措施，也有成功的工程实例。但因处于排水不良地段，故渗井中的水若不能排走则可能成为蓄水井，路基周边的水会向渗井聚集，成为路基水平渗透的水源。故条文未列出，设计人员可根据当地经验与地下水状况选用。

9.4.3 垫层对于减轻道路的冻胀具有明显的效果。垫层减少路基的冻胀层厚度，缩短了路基的冻胀时间，更为重要的是垫层增加了路面的厚度，在路基产生冻融时能保持较高的强度，降低在汽车荷载作用下路面基层的附加应力，也降低汽车荷载对路基的作用力，防止翻浆和沉陷。

隔温层的厚度计算目前多采用热等效原则，进行隔热层设计时把道路均匀单一的道路结构，转化为多层状体系：

$$\frac{H}{\lambda} = \sum_{i=1}^{n} \frac{h_i}{\lambda_i} \tag{9-2}$$

$$h_i = \lambda_i\left(\frac{H}{\lambda} - \sum_{j=1}^{i-1} \frac{h_j}{\lambda_j} - \sum_{j=i+1}^{n} \frac{h_j}{\lambda_j}\right) \tag{9-3}$$

式中：λ——导热系数。

铺设隔温层防治寒区道路冻胀翻浆在国内外已应用多年，隔温材料主要有工业废渣、塑料泡沫、发泡混凝土等。工业废渣主要是粉煤灰、炉渣，其隔温效果较差，粉煤灰吸水后其保温性与强度均明显降低，因此不适宜用于高速公路、一级公路的隔热保温。

本条重点介绍塑料泡沫隔温层的应用，国外最早利用塑料泡沫隔温材料在道路上应用的报道见于1962年的加拿大。经大量现场和室内试验之后认为，在季节性冰冻地区道路结构中做隔温材料可以减轻或防止公路的季节性冻胀与永久冻土的融化，降低路堤的高度，减少防冻层厚度，改善路面的平整性与耐久性，用于路堑地区可以减少开挖的深度等。在美国、加拿大、欧洲、俄罗斯和日本的道路工程中广泛应用。塑料泡沫隔温板用于道路冻胀翻浆的防治，效果良好，但价格较高。塑料泡沫隔温材料以XPS（挤塑聚苯乙烯）类为主，塑料泡沫隔温板的厚度目前最常见的是5cm和7.5cm两种类型。泡沫材料的导热性能如表9-8所示。隔温板的导热系数约是路基土的1%～3%，根据热等效原则，5cm厚的隔温板的理论隔温效果相当于1.5～5m路基土。尽管铺设后隔温板会吸收一定的水分，产生少量的压缩，导热系数有所增加，但5cm厚的隔温板基本上能够满足防冻要求，7.5cm厚的应是足够了。表9-9列出了几种主要建筑材料的导热性能。

表9-8　泡沫材料的基本性能

产 品 种 类	密度（kg/m^3）	压缩10%抗压强度（kPa）	导热系数（W/mK）	7d的体积吸水率（%）
EPS	24	120	0.033	2.5
XPS（STYROFOAM）	38	500	0.026	0.3
PU	32	170	0.01～0.03	2.5

表9-9　几种主要建筑材料的导热性能比较

重度（kN/m^3）	材 料 种 类	导热系数 k [kcal/(m^2·h·℃)]	与5cm厚软木相当	
			必要厚度（cm）	每m^2质量（kg）
2.4	软木	0.044	5.0	12.0
6.0	气泡混合轻质土	0.100	11.4	68.2
9.0	气泡混合轻质土	0.175	19.9	178.9
15.0	轻集料混凝土	0.400	45.5	681.9
17.0	炉渣	0.700	79.6	1 352.4
19.5	填土路基	1.047	119.0	2 320.1
21.6	水泥稳定土	1.256	142.7	3 083.0
23.0	水泥混凝土	1.400	159.1	3 659.3

10 膨胀土地区低路堤

10.2 膨胀土差别分类和地基变形计算

10.2.1 关于膨胀土的判别,国内外尚不统一。自由膨胀率判别法易产生膨胀土的误判与漏判,铁路部门采用蒙脱石含量和阳离子交换量作为鉴别指标,判别准确率高,但测试困难。

中交第二公路勘察设计研究院主持西部交通建设科技项目"膨胀土地区公路勘察设计技术研究",提出了以标准吸湿含水率为指标的膨胀土判别与分类法。标准吸湿含水率与膨胀土的蒙脱石含量、比表面积、阳离子交换量有良好的线性关系,反映了膨胀土的最基本的本质属性。标准吸湿含水率试验方法已纳入《公路土工试验规程》(JTG E40—2007),该判别分类标准已在湖北、湖南、安徽、广西、云南、河南等地的公路行业、以及南水北调水利工程中得到广泛推广应用,验证了该标准的准确性与可靠性。

10.2.3、10.2.4 膨胀土地基变形预测的关键是确定大气影响下膨胀土活动区深度,可通过测定各个季节地温、土层含水率随深度的变化曲线,或采用静力触探试验比贯入阻力随深度变化曲线等方法探明膨胀土活动区深度。我国部分地区膨胀土活动区深度见表10-1。

表10-1 我国一些典型膨胀土地区活动区深度

地区	各种判定标志下的膨胀土临界活动区深度(m)				大气活动区深度(m)
	温度标志	地温标志	深度标志	地裂标志	
云南鸡街	3.0	—	—	—	3.0~4.0
云南江水池	5.0	—	—	—	3.0~5.0
四川成都	1.5	1.8	—	—	1.5
广西南宁	2.0~3.0	—	3.0	2.0~2.5	2.5~3
广西宁明	—	—	3.5	2.5~3.5	3.0
陕西安康	3.0	—	—	2.0~3.0	3.0
湖北荆门	1.5~2.0	2.0	1.5	1.2~1.5	1.5~2.0
湖北郧县	2.0	2.0	—	<2.0	2.0
湖北宜昌	—	2.1	—	—	2.1
河南南阳	—	3.2	—	—	3.2

续上表

地　　区	各种判定标志下的膨胀土临界活动区深度(m)				大气活动区深度(m)
	温度标志	地温标志	深度标志	地裂标志	
河南平顶山	2.5	2.1	3.0	—	2.5
安徽合肥	2.0	2.0	—	—	2.0
河北邯郸	2.0	—	—	—	2.0

(1)基于固结试验膨胀土地基变形预测计算步骤：

①确定膨胀土活动区深度。

②利用常体积固结膨胀试验确定膨胀指数 C_s。常体积固结膨胀试验确定是将原状膨胀土试样切样以后，将试样放入高压固结仪中，然后加水饱和，在饱和过程中保持试样的初始体积不变，在试样达到饱和后对试样进行常规固结回弹试验。

③应力状态的确定。初始应力状态为 $\sigma'_0+(u_a-u_w)_0=\sigma'_{sc}$，即垂直压力等于土的上覆自重压力与土的基质吸力两者之和。不考虑超载的影响，$\Delta\sigma=0$，则最后的应力状态为 $\sigma'_f=\sigma'_0$。

④假定场区膨胀土土层是均匀的，按一层土来考虑，建筑场区膨胀土地基总变形按本指南式(10.2.4-1)计算。

(2)基于收缩试验膨胀土地基变形预测计算步骤：

①确定膨胀土活动区深度。

②利用三相收缩试验确定膨胀土体积收缩指数。

③试验点膨胀土地基变形计算模式

在地表处，将塑限含水率和缩限含水率各自地作为初始含水率和最终含水率。若活动区深度为3.6m，假定含水率在活动区内呈线性变化。试验点膨胀土地基变形计算模式如图10-1所示。

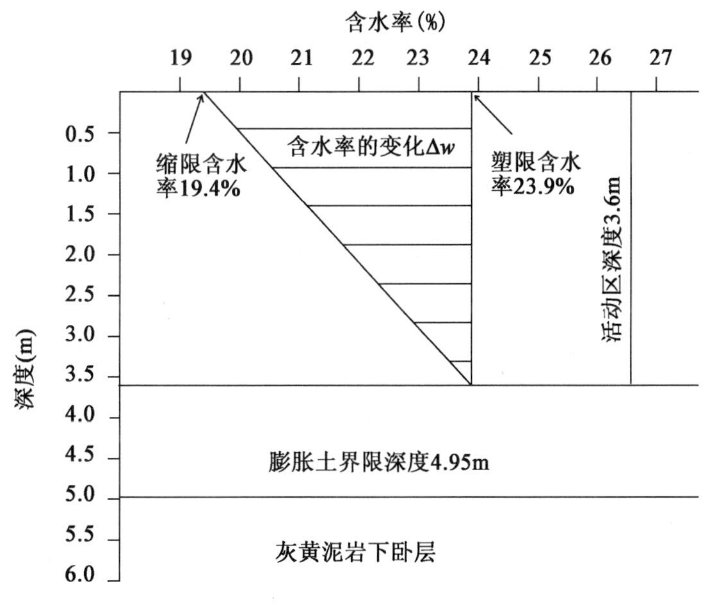

图10-1　膨胀土地基变形计算模式

④膨胀土地基变形计算:假定场区膨胀土土层是均匀的,按一层土来考虑,建筑场区膨胀土地基总变形按本指南式(10.2.4-2)计算。

10.3 膨胀土地区低路堤典型结构与填料

10.3.2 ~10.3.5 膨胀土胀缩变形与其上覆压力密切相关,上覆压力越小,其胀缩变形量越大。《公路路基设计规范》(JTG D30—2004)胀缩总率是50kPa压力下膨胀量试验计算值,因低路堤自重应力小,若仍采用50kPa压力下膨胀量试验计算胀缩总率,将是不安全的。因此,本指南采用25kPa压力下膨胀量试验计算胀缩总率。

膨胀土作为路基填料,其压实后的膨胀土与天然原状膨胀土的工程特性有很大差别,主要是压实的膨胀土较原膨胀土要大5 ~8 倍,有的甚至达到二、三十倍之多。填土的密实度愈大,含水率愈低,则土浸水后,其膨胀量和膨胀力愈大;在相同压实含水率下,密实度愈高,其膨胀量和膨胀力愈大。

大气影响下膨胀土活动区深度多为1 ~2m,部分地区高达3 ~5m。对于低路堤来说,受大气和地下水影响大,膨胀土低路堤设计中,如何做好防水、保湿、防风化,是控制膨胀土低路堤胀缩变形的关键。本指南总结分析了膨胀土地区公路建设经验,针对低路堤特点,提出了膨胀土低路堤典型结构形式、膨胀土处治措施、防排水技术要求。设计时,应根据具体的气候、水文、地形地质条件、膨胀土胀缩特性、路基工作区深度,结合路基高度和路面结构等具体情况,因地制宜,从地基处理、低路堤结构与膨胀土填料处治、防排水等方面进行综合设计,采取有效措施减少湿度的变化对膨胀土的影响,保证路基满足变形和强度的要求。

10.3.6、10.3.7 长期以来,膨胀土挖方路基边坡多采用挡土墙、桩板墙等刚性防护措施,不能缓解膨胀土胀缩变形所产生的膨胀力,尤其是中强膨胀土和强膨胀土的膨胀力大,常使这些支挡结构产生变形破坏。另外,挡土墙、桩板墙等支挡结构与周围环境不协调。

近年来,交通部西部交通建设科研项目《膨胀土地区公路成套修筑技术研究》,针对膨胀土挖方边坡破坏机理,研究提出了防治膨胀土边坡变形破坏的柔性支护、CNS技术,并在广西南友高速公路、南宁至百色高速公路中得到了成功应用,既解决了膨胀土挖方边坡稳定问题,又使公路与周围环境融为一体。本指南总结分析了科研成果与工程实践经验,推荐膨胀土挖方边坡防护优先采用CNS防护或柔性支护系统。设计时,应根据具体情况,因地制宜,灵活应用,当膨胀土层与下伏岩土层之间存在不利结构面,应进行边坡稳定性检算,当稳定性不足时,应采用其他支护措施。

中国科学院武汉岩土力学研究所进行了膨胀土地区黏土覆盖技术(CNS)的试验研究,试验内容包括不同厚度黏土覆盖层作用下的原状膨胀土在经过一个较长周期的自然风化作用下,其密度、含水率、强度、变形等指标的变化规律。试验结果表明:地表变形与黏土覆盖层厚度之间呈非线性关系,随着厚度的增加,地表变形迅速减少;膨胀土的干密度和强度逐渐增加。在黏土覆盖层厚度达到 0.80 m 及以上时,气候的变化对膨胀土性能的影响已经很小。

黏土覆盖技术试验方案如图 10-2 所示。

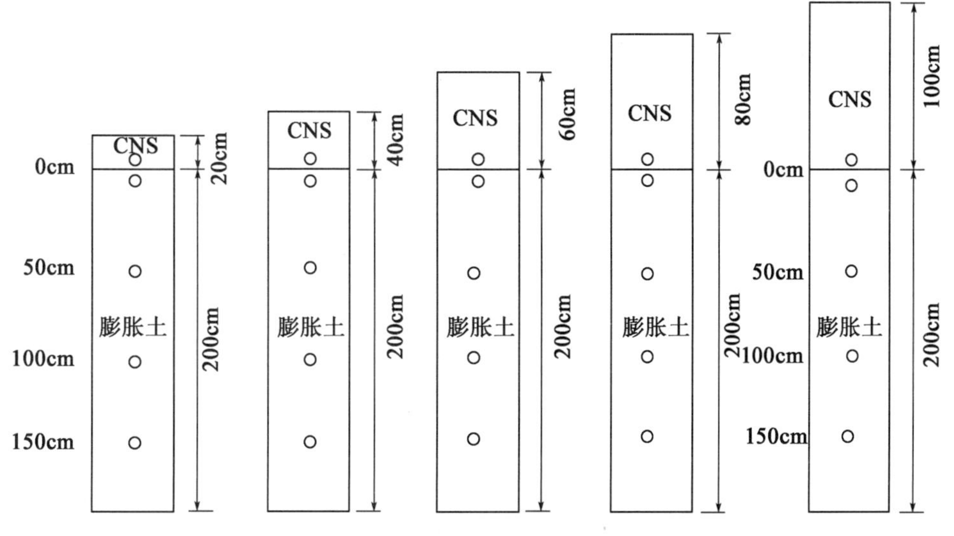

图 10-2　黏土覆盖技术的试验方案

膨胀土地面变形与黏土覆盖层厚度密切相关。无覆盖层时,地面变形最大值为 120mm,当覆盖层厚度增加到 1.0m 时,膨胀土地表变形最大值为 4.7mm。地表变形最大值与黏土覆盖层厚度之间呈非线性关系,随着黏土覆盖层厚度的增加,地表变形迅速减少,其变化趋势如图 10-3 所示。

膨胀土的密度随着覆盖层厚度的减小而降低。无覆盖层时,地表膨胀土的干密度也最小,为 1.22g/cm^3;当覆盖层厚度达到 0.80m 时,地表膨胀土的干密度达到 1.51g/cm^3,这与未风化的原状膨胀土的干密度是一致的;当覆盖层厚度达到 1.0m 或者更大的情况下,地表膨胀土的干密度基本保持不变。地表膨胀土干密度与黏土材料地表覆盖层厚度之间的关系如图 10-4 所示。

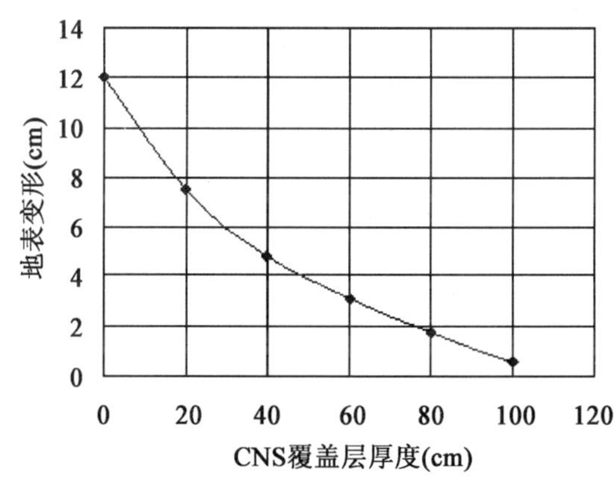

图 10-3　地表变形与黏土材料地表覆盖层厚度之间的关系

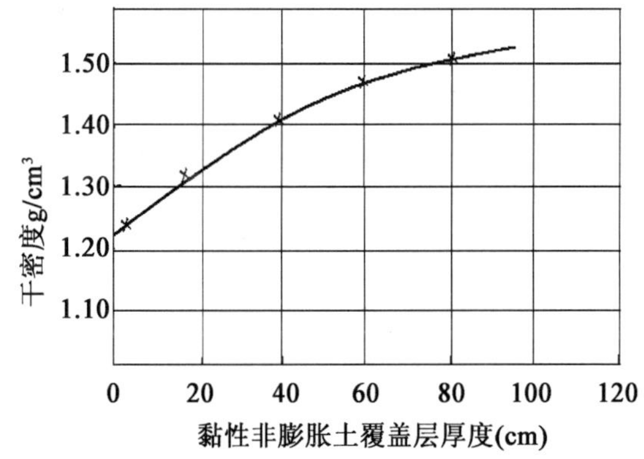

图 10-4　表层膨胀土干密度与黏土材料地表覆盖层厚度之间的关系

无覆盖层时，地表膨胀土十字板剪切强度 S_v 为 5kPa；在 0.50 m、1.0m、1.50 m 的不同深度处，S_v 分别为 48 kPa、78 kPa、82 kPa。随着黏土覆盖层厚度的增加，S_v 的数值受气候的影响逐渐变小，在黏土覆盖层厚度达到 1.00m 时，膨胀土的强度基本不受气候作用的影响，与原状膨胀土的强度水平一致。不同黏土材料覆盖层厚度作用下，膨胀土强度随深度的变化曲线如图 10-5 所示。

十字板剪切强度试验是在观测结束后，于开挖的探槽中进行。地表膨胀土十字板剪切强度，在无覆盖层时，S_v 为 5kPa，在 100cm 厚的覆盖层作用下，S_v 为 70kPa，是无覆盖层强度的 14 倍。地表膨胀土十字板剪切强度与黏土材料地表覆盖层厚度之间的关系如图 10-6 所示。

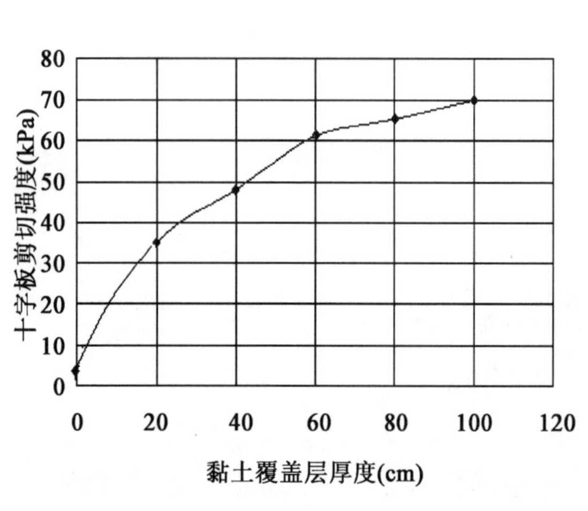

图 10-5　表层膨胀土十字板剪切强度与黏土材料地表覆盖层厚度之间的关系

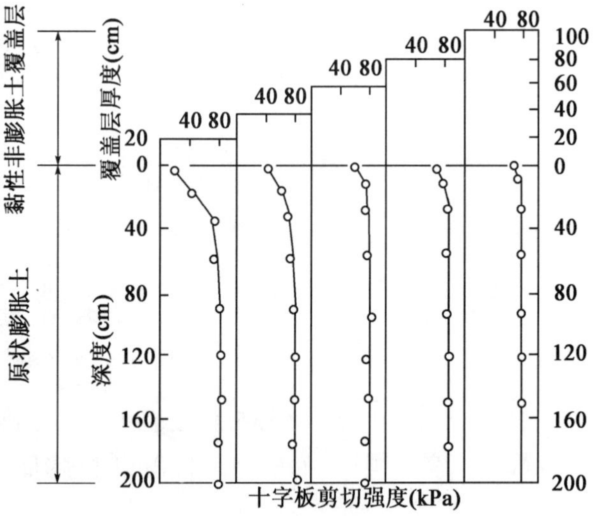

图 10-6　不同黏土材料覆盖层厚度作用下，膨胀土强度随深度之间的变化

这些试验结果清楚地表明：当一个适当厚度的黏土材料覆盖层设置在膨胀土表面上时，膨胀土的地表隆起可以被克服，膨胀土的强度也可以不受气候作用的影响，有利于边坡稳定。

10.4　膨胀土地区低路堤防排水

10.4.1～10.4.6　路基防排水设施的完善程度，直接影响到膨胀土路基的长期性能和稳定性，如能防水保湿，则可以消除膨胀土湿胀干缩的有害影响。设计中应针对膨胀土的工程特性，设置完善的防排水系统，防止地表水与地下水渗入路基本体或路堑边坡，保持土体天然含水率状态的相对稳定。

11 盐渍土地区低路堤

盐渍土是指含盐量超过一定数量的土，含盐量通常是用一定土体内含盐的重量（或质量）与其干土重量（或质量）之比，以百分数来表示。不同的部门，根据各自的不同需要，给出了不同的界限含盐量，公路部门把易溶盐含量大于0.3%的土视为盐渍土。盐渍土在工程中一般归入特殊岩土的范围，其在地表水、地下水、环境温度及动载变化的综合作用下，极易产生盐胀、翻胀及溶陷等病害，对公路建设、营运和养护维修带来极为不利的影响。按盐渍土形成过程可分为现代积盐过程盐渍土、残余盐渍土和碱化过程盐渍土；按盐渍土的盐渍化程度可分为弱、中、强、过盐渍土；按含盐性质可分为氯盐渍土、亚氯盐渍土、亚硫酸盐渍土、硫酸盐渍土、碳酸盐渍土。

盐渍土中易溶盐对工程性质影响最大，土体中常见的易溶盐主要是氯盐和硫酸盐，碳酸盐因受气压、温度影响，极易分解、沉淀，只在地表水或地下水补给源头较短距离范围内常见，由于在盐渍土地区土体中含量甚微一般可忽略。因此本章的工程处理主要针对氯盐和硫酸盐盐渍土。

在吸纳交通部西部交通科技项目《盐渍土地区公路修筑成套技术研究》的研究成果、充分总结了新疆维吾尔自治区盐渍图地区公路建设工程经验的基础上，编制本章。

11.1 一 般 规 定

11.1.1 结合我国多年来在盐渍土地区公路工程建设中的实践经验，盐渍土地区应开展以下调查、勘察试验及评价工作：

(1)调查研究地形、地貌特征，划分地貌单元，分析各地貌单元中岩土的性质、成因和时代。

(2)调查盐渍土的分布范围、形成条件及其发展趋势，了解盐渍土的含盐类型、含盐程度及其平面和竖向上的分布状况。

(3)调查地下水的类型、水位、水质及其与地表水的关系。

(4)调查盐渍土的物理力学性质以及在平面上的分布规律。

(5)收集沿线降水、蒸发、温度、冻深等气象资料。

(6)调查已有道路的盐渍土病害情况。

并以此进行盐渍土的盐胀性、溶陷性和腐蚀性的评价。

11.1.2~11.1.4 盐渍土病害的产生是盐、水、热相互作用的结果，设计应从改善路基和地基中盐、水、热等条件着手。

盐分是导致盐渍土具有盐胀、溶陷、腐蚀和加重翻浆等病害的根源,因此,防治盐分侵入路基中,限制路基填料的含盐量或降低路基含盐量,对治理盐渍土病害尤为关键。

在盐渍土区域,地表水和地下水对公路的影响较一般区域更为严重。其对公路盐渍土病害的产生有以下两方面的影响:首先,在盐渍土地区,地下水携带的溶盐随水分的蒸发而聚留,加剧了地表和路基的盐分聚积,从而造成路基盐渍土病害的产生和加重;其次,地表水和地下水的侵蚀和上迁会增大路基的含水率,使公路路基长期居于潮湿和过湿状态,土体中水分的增大会使土粒间水膜增厚,降低土的结构力。对于硫酸盐渍土地段,含水率的增大也给 Na_2SO_4 在土体降温过程中形成芒硝($Na_2SO_4 \cdot 10H_2O$)提供了含水结晶的水源。试验表明在保持含盐量和其他因素不变的情况下,土体的含水率越大,相应的盐胀率也越大;在氯盐地段含水率较大时,土体易产生溶解、溶蚀,使地基产生液化或溶蚀,降低地基强度或使地基丧失承载力,使地基失稳破坏。因此地下水和地表水的作用会使道路中含水率增大,从而加重盐渍土病害。

盐渍土地区路基高度和地基处理深度都与地下水位有着密切的关系,而地下水位随季节和环境是动态变化的,其深度确定的不准确有可能带来路基设置的不合理。新疆维吾尔自治区的某一条盐渍土地区道路,设计阶段调查的地下水位在5m以下,而道路建成后地下水位变化到2m以内,造成了路基出现病害。因此,盐渍土地区的地下水埋深最好能收集到区域的历史数据,在没有历史数据的情况下应充分考虑季节性变化、周围河流和地表水对其的影响。

路基隔水设计的目的主要是防止毛细水上升导致路基土盐渍化。做好路基排水工程,则可以避免路基含水率的增大带来的盐渍土病害加重、减小水对路基强度和稳定性的危害。

盐渍土地区的改建工程一直是盐渍土病害治理的难点之一,因为原有公路由于修建历史和施工方法的不同,都存在不同程度的道路病害,如何利用老路应进行充分分析论证。盐渍土地区的公路改建应集中处理好下列问题:①原有公路病害产生的根源;②对原有公路的利用或弃舍;③利用的盐渍土旧路采用何种措施治理。从而彻底根治老路病害,避免盐渍化旧路带来的改建道路病害。

11.1.5 大量的研究结果和工程实践表明,决定盐渍土工程性质的主要因素有:盐渍土的粒度成分、含盐特征、含水率及温度状况等。盐渍土地区公路路基病害的主要类型为盐胀和溶陷。因此,公路工程分类的指标因子应以控制路基盐胀和溶陷变形量的土类、含盐特征、含水率及温度界限为标准。

盐渍土的含盐性质,根据氯离子、硫酸根离子、碳酸根离子和碳酸氢根离子的含量比值,分为氯盐渍土、亚氯盐渍土、亚硫酸盐渍土、硫酸盐渍土、碳酸盐渍土,这种分类方法沿用时期很久,符合工程实际要求,本指南分类仍按此确定含盐性质界限。

细粒盐渍土的工程分类基本沿用了《公路路基设计规范》(JTG D30—2004)中细粒盐渍土的分类界限,根据细粒盐渍土盐胀试验结果,进行了局部调整。

粗粒盐渍土的工程分类是按照砾类土和砂类土分别提出的,并根据其粉黏粒含量的多少进行了细化,针对氯盐与硫酸盐分别提出相应的含盐量界限值。硫酸盐渍土及亚硫酸盐粗粒盐渍土分类中总盐含量指标以盐胀试验中硫酸钠含量取值控制，这样具有一定的安全度。各类粗粒土盐胀率与硫酸钠含量的关系见表11-1～表11-3：

表11-1 细粒土质砂硫酸盐渍土硫酸钠含量与盐胀率关系对应表

硫酸钠含量 w_s(%)	$w_s \leq 1.5$	$1.5 < w_s \leq 3.0$	$3.0 < w_s \leq 6.0$	$w_s > 6.0$
盐胀率 η(%)	$\eta < 1$	$1 < \eta < 3$	$3 < \eta < 6$	$\eta > 6$

表11-2 含细粒土砂硫酸盐渍土硫酸钠含量与盐胀率关系对应表

硫酸钠含量 w_s(%)	$w_s \leq 2.0$	$2.0 < w_s \leq 4.0$	$4.0 < w_s \leq 7.0$	$w_s > 7.0$
盐胀率 η(%)	$\eta < 1$	$1 < \eta < 3$	$3 < \eta < 6$	$\eta > 6$

表11-3 细粒土砾硫酸盐渍土硫酸钠含量与盐胀率关系对应表

硫酸钠含量 w_s(%)	$w_s \leq 1$	$1 < w_s \leq 2.5$	$2.5 < w_s \leq 4.5$	$4.5 < w_s \leq 5$	$5 < w_s \leq 6.5$
盐胀率 η(%)	不明显	$\eta < 1$	$1 < \eta < 1.5$	$1.5 < \eta < 2$	$2 < \eta < 3$

由于氯盐渍土及亚氯盐粗颗粒盐渍土结构的骨架作用，其溶陷性很弱，主要是盐胀作用，所以用盐胀指标来划分其工程分类。氯盐渍土及亚氯盐粗颗粒盐渍土中主要是氯盐渍土，含有部分硫酸盐，氯盐基本不发生盐胀，主要是硫酸盐发生盐胀。氯盐与硫酸盐划分以氯离子和硫酸根离子毫克当量比控制，界限值是1。当毫克当量比值为1时，硫酸盐含量最大；当比值大于1时，硫酸盐含量降低。为了使分类结果具有代表性，氯盐渍土及亚氯盐粗颗粒盐渍土分类参照硫酸盐渍土及亚硫酸盐粗颗粒盐渍土分类中的硫酸钠含量界限值，按毫克当量比值1换算。经换算，氯盐渍土及亚氯盐砂类盐渍土粉黏粒含量>15%时，弱、中、强、过盐渍土区间分别为0.686%～1.37%、1.37%～3.43%、3.43%～6.86%、>6.86%；粉黏粒含量≤15%时，弱、中、强、过盐渍土区间分别为0.686%～2.06%、2.06%～4.11%、4.11%～8.23%、>8.23%；氯盐渍土及亚氯盐砾类盐渍土粉黏粒含量>15%时，弱、中、强盐渍土区间分别为0.686%～3.43%、3.43%～8.91%、>8.91%；粉黏粒含量≤15%时，弱、中、强盐渍土区间分别为0.686%～4.8%、4.8%～8.97%、>8.97%。为便于工程应用，部分值取整。

在新疆维吾尔自治区典型盐渍土区采集不同区域的粗粒土491份，进行颗粒组成规律分析。通过典型区域粗颗粒盐渍土颗粒组成范围代表值的分析可知：砾类土的平均粒径为5.49mm，砂类土的平均粒径为0.685mm。砾类土与砂类土在5mm和1mm筛孔的通过率比较，如表11-4所示。

表11-4 粗颗粒土5mm和1mm筛孔通过率对比

粒径	砾类土				砂类土			
	GW	GP	GF	GM	SW	SP	SF	SM
通过5mm筛孔量(%)	40	46	59	64	78	76	83	100
通过1mm筛孔量(%)	19	24	32	32	47	54	63	95

砾类土通过5mm筛孔的试样相对于1mm筛孔试样有较好的代表性，砂类土通过1mm筛孔的试样有较好的代表性。考虑到粗颗粒土易溶盐溶液搅拌及滤液提取，若选取

粒径范围过大,虽然试样会有更好的代表性,但粗粒土易溶盐溶液的搅拌及滤液提取存在困难,影响易溶盐测试的准确性。所以,砾类盐渍土易溶盐试样制备粒径选择为5mm具有较好代表性,砂类盐渍土易溶盐试样制备粒径选择为1mm具有较好代表性。

另一方面,粒径级配范围与总含盐量关系曲线如图11-1所示。粗粒土的总含盐量随试样粒径范围的不同而变化,粒径范围越小,测定值就越大,土的实际总含盐量越大,变化更突出。砾类土1mm粒径范围的含盐量大于其他粒径范围的含盐量,比其他粒径范围含量的平均值大25% ~55%。砾类土5mm粒径范围的测定值变化最明显,基本为砾类土各不同粒径级配范围总含盐量变化曲线的拐点;同时,5mm粒径范围的含盐量最接近各粒径范围的平均含盐量。砂类土1mm粒径范围的含盐量大于其他粒径范围的含盐量,但变化幅度不大,具有代表性。

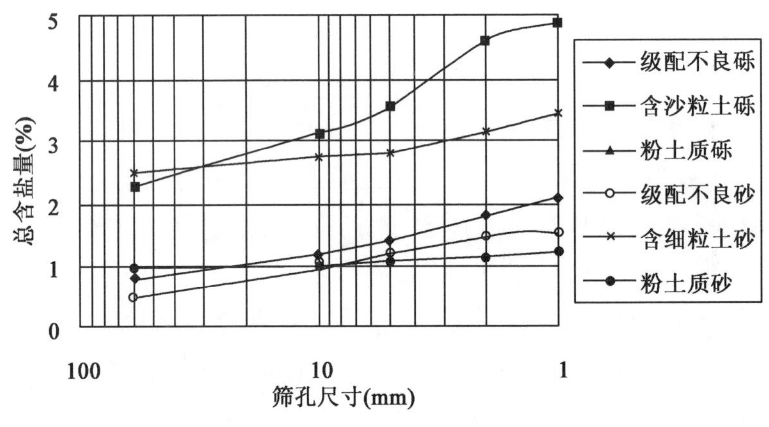

图11-1　粒径级配范围与总含盐量关系曲线

11.2　盐渍土地基评价与地基处理

11.2.1　盐胀率的大小与公路盐胀表现有较好的一致性,可较准确地反映公路盐胀破坏程度。盐渍土地区多年来大量的观测显示:盐胀率小于1%时,路面平整无裂纹,无盐胀破坏现象(非盐胀性);盐胀率为1% ~3%时,路面上可见少量的裂纹,有轻微盐胀产生(弱盐胀性);盐胀率为3% ~6%时,路面有较明显的裂纹和盐胀现象(中盐胀性),因此可用盐胀率作为控制盐渍土盐胀的指标。

研究表明盐渍土中含有的硫酸钠是盐渍土出现盐胀的主要原因。硫酸钠在低温下溶解度低,产生吸水结晶,体积膨胀,从无水硫酸钠变成含水硫酸钠($Na_2SO_4 \cdot 10H_2O$),体积胀量约3.1倍。其他硫酸盐虽然也存在吸水结晶体积膨胀效应,但体积胀量相对少得多,如硫酸镁($MgSO_4 \cdot 7H_2O$)胀量1.56倍;硫酸钙是中溶盐,其溶解度很低,几乎不受温度变化的影响。0 ~60℃,$CaSO_4 \cdot 2H_2O$的溶解度为0.18% ~0.2%,故硫酸钙(石膏土)对公路不产生盐胀问题。试验证明,土体内硫酸钠含量大于0.5%,而且土体温度下降到5℃以下就有盐胀产生,在路况调查中发现当路床内土体硫酸钠含量达到1.2%以上,路面就可观测到明显的盐胀量,硫酸钠含量越大胀量值也越大。硫酸钠含量与盐胀率的对应关系见表 11-5。

表 11-5 盐胀率与硫酸钠含量的关系

盐胀率 η(%)	$\eta<1$	$1<\eta\leqslant3$	$3<\eta\leqslant6$	$\eta>6$
硫酸钠含量 Z(%)	$Z\leqslant0.5$	$0.5\leqslant Z\leqslant1.5$	$1.5\leqslant Z\leqslant3.5$	$Z\geqslant3.5$

11.2.2 盐渍土溶陷分为两种:一是静水中的溶陷变形,即水力梯度较小无渗流时,土中部分或全部盐溶解,导致土体结构破坏,土体产生沉陷;二是土中的盐分和部分固体颗粒因水的渗流被带走,产生潜蚀。由于潜蚀的结果,使盐渍土的空隙增大,在土体自重和外部荷载的作用下产生溶陷变形,这部分变形称为“潜蚀变形”。潜蚀变形的大小与渗流速度、含盐量、土的类别有关。盐渍土的潜蚀可分为化学潜蚀和力学潜蚀。化学潜蚀是由于土中的结晶盐被渗流的水溶解成盐溶液后,随着渗流而被带走的过程。盐渍土的力学潜蚀是指土中的土颗粒被渗流的盐溶液带走的现象。在盐渍土路基中,因为含水率较小,主要考虑化学潜蚀的作用。其过程包含了土中相的转变,即固相(盐结晶)转变为液相(盐溶液),以及盐溶液随渗流的迁移和流失,是一个极为复杂的过程。化学潜蚀现象涉及多孔介质中的不同浓度溶液的对流及扩散作用,是较为复杂的物理化学水动力过程,有待进一步研究。

盐渍土溶陷性以溶陷系数为判别指标,我国《盐渍土地区建筑规范》(SY/T 0317)中的标准是溶陷系数小于 0.01 的盐渍土为非溶陷性盐渍土。评价盐渍土的溶陷性,首先通过溶陷系数判别是否为溶陷性土,然后计算溶陷量,并根据表 11-6 进行溶陷等级的分级。

表 11-6 溶陷等级划分表

溶 陷 等 级	溶陷量 Δ(cm)
非溶陷性	$\Delta<7$
Ⅰ	$7<\Delta\leqslant15$
Ⅱ	$15<\Delta\leqslant40$
Ⅲ	$\Delta>40$

盐渍土地区的公路溶陷性判别标准采用溶陷系数小于 0.015,与黄土的湿陷性指标相当。盐渍土地区高速公路、一级公路地基溶陷量按非溶陷性控制,二级公路按Ⅰ级溶陷等级控制。

11.2.3 盐渍土地基处治不仅要解决地基强度、变形和稳定性的问题,还应考虑地基的含盐情况,控制盐渍土病害的产生。

盐渍土地基处理包括表层、浅层和深层处理。一般路段主要采取清除表土处理措施,盐渍化软弱地基处理视地质、水文条件和承载能力需要分为浅层和深层处理,典型浅层处理措施是换填处理、半刚性水泥土板垫层,深层处理措施是强夯置换法、砂砾桩。

一般路段是指地基具有一定的承载力(地基承载力大于 120kPa)、地表无积水的地段,处理的主要目的是清除地表高含盐土和腐殖质土,控制地基的含盐量。

盐渍化软弱土是指重盐渍土地区的软弱土,主要指标特征是:土层含水率较高、天然孔隙比大、压缩系数较大、地基承载力低,土体盐渍化程度为中、强氯盐或硫酸盐盐渍土等。地基处理的主要目的是提高地基承载力,并改善地基的盐胀性或融陷性。处理后高速公路、一级公路地基承载力应达到200kPa以上,二、三级公路地基承载力不宜小于150kPa。

半刚性水泥土板垫层是指地基表层一定深度内的盐渍化软弱土层,经翻挖、掺拌水泥、分层铺筑压实后,最终形成半刚性硬壳层,提高地基承载力。新疆维吾尔自治区省道201线进行了半刚性水泥土板层的现场试验路修筑,板厚分别取0.25m、0.35m、0.45m三种。试验路表明,盐渍化软弱地基经半刚性水泥土板垫层处理后,地基工后沉降很小,后期有轻微的盐胀,可控制在5mm以内,路基填筑后变形均匀。

试验还表明,当地基软土层大于6.0m时半刚性板层处理效果就不明显。因此,半刚性水泥土板垫层适用于处理地基软土层小于5.0m,路堤高度在2.0m以内的低路堤段。半刚性水泥板层厚度宜在0.25~0.5m范围内,水泥剂量以10%为宜。

11.3 盐渍土地区低路堤典型结构与填料

11.3.1 路基的适宜高度不仅是工程问题,它还牵扯到社会、经济、周边自然环境等多种因素。确定路基高度时,应综合考虑社会、经济、自然环境和工程技术,并做好现有设施的衔接设计。

盐渍土地区路基高度应综合考虑毛细水的强烈上升高度和盐胀深度,实体工程观测表明,当公路路堤高于一定数值时,毛细水带来盐分的最大上迁在盐胀深度以下,将不发生路基盐胀病害。

毛细水强烈上升高度与土质的颗粒粗细、矿物成分和地下水矿化度有关。毛细水上升高度的计算在实践中常用海森(A. Hazen)的经验公式:

$$h_c = \frac{c}{e \times d_{10}} \tag{11-1}$$

式中:h_c——毛细水上升高度(m);

e——土的空隙比;

d_{10}——土的有效粒径(m);

c——系数,与土粒形状及表面洁净有关,$c = 1\times10^{-5} \sim 5\times10^{-5}(m^2)$。

从试验可知,掺加同样比例的砂和土混合料的纯水和5%盐水在同样环境下毛细水上升的速度不同。试验开始时盐水在前一周上升速度比纯水要快,到了后期盐水就比纯水慢,上升终止时纯水上升高度比盐水高。参考已有的试验资料和以往公路、铁路部门的观测,毛细水强烈上升高度如表11-7所示。

表11-7 毛细水强烈上升高度

土质类别	砾类土、砂类土	风积沙	粉质土	黏质土
毛细水上升高度(m)	0.40~1.10	0.70~0.90	3.00~4.00	2.00~3.00

盐胀深度是指含有硫酸盐的土基受降温作用影响产生盐胀量的有限深度。盐胀随降温过程而增加，土体内温度在 5 ~ −5℃，盐胀量递增很快。根据新疆维吾尔自治区省道 201 线的观测显示，不同路基填料温度变化具有一定差异性，负温出现的区域不同。但共性是各断面上部温度变化明显大于下部，温度在土体中竖向的传播幅值随深度成指数规律衰减。路面以下深度 1.5m 处平均最低地温大于 5℃，这与以往的观测基本吻合，见图 11-2。说明降温引起盐胀的有效影响深度为路面顶以下 1.5cm 左右。以往，路基不同深度盐胀量观测结果也显示 0 ~ 1.6m 盐胀量占总盐胀量的大约 85%。因此，对二级及二级以下公路盐胀深度宜考虑 1.5m，对高速公路、一级公路盐胀深度应考虑 2m。

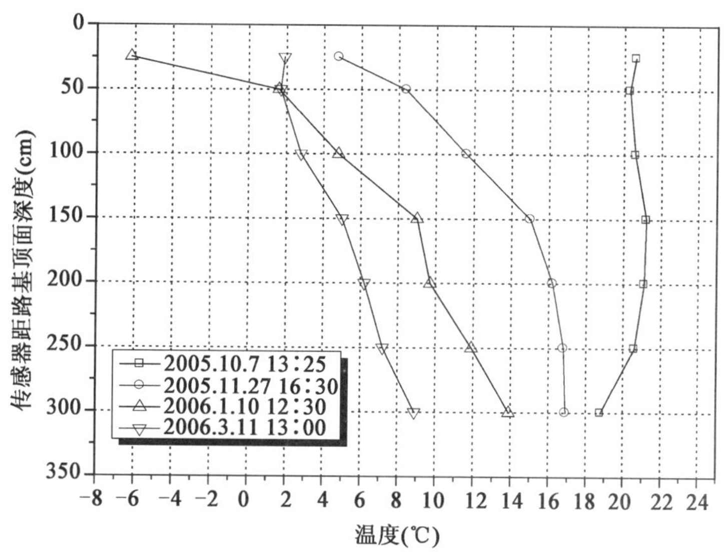

图 11-2　新疆维吾尔自治区省道 201 线路基土体温度随深度变化曲线

11.3.2　一定的路基高度对于抑制盐渍土地区公路病害是必需的，但单纯采用提高路基高度的方法来保证路基的稳定性，将会占地多、增大土方量。通过设置隔断层可阻断毛细水上升，能有效降低路堤高度。因此设置隔断层是实现盐渍土地区低路堤的有效措施。

11.3.3　隔断层的选择应综合考虑各种因素，经过技术经济论证后选用。盐渍土地区设置土工膜隔断层虽然具有较好的隔水、隔盐性，施工简便，降低路堤高度的特点，但由于其具有不透水的特性，不利于路基中水气逸散，在其下有形成水分和盐分聚积，造成软弱夹层的可能。砾石隔断层虽然造价高且施工较麻烦，但铺筑后可利于水气逸散，降低老路基中含水率从而减弱盐胀。在新疆维吾尔自治区已经有多条道路采用砾石隔断处理公路盐渍土病害，并取得了较好的效果。砾石隔断主要应用于盐渍土地区高速公路、一级公路的路基隔断中。

利用风积沙填筑路基不仅能降低造价而且可有效隔断盐渍土的作用。在新疆维吾尔自治区内陆盐渍土地区分布有丰富的风积沙，一般情况下风积沙中易溶盐含量较低，基本为非盐渍土。根据最新的试验，含 5% 硫酸盐毛细水在风积沙中最大的上升高度约为 0.798m，因此在盐渍土地区可因地制宜采用风积沙填筑路基。

经试验计算风积沙的内摩擦角 $\varphi=33\sim39°$,风积沙路堤边坡坡率必须大于 1∶1.6 ~ 1∶1.22。边坡越缓,占地越多,工程量越大,且风积沙路堤易产生风蚀、水侵的问题。同时,由于风积沙呈现散状且无黏性,抗剪性能差,在较小面积上承受较大荷载时,承受面边部的沙体将产生剪切破坏,从而引起承压面下沙体产生侧向推移,使沙基沉陷。为节约占地,解决风积沙路堤风蚀、水侵和局部推移破坏问题,结合科研成果和工程经验,本指南推荐采用两侧砂砾包边、风积沙填芯、砂砾封顶的路基断面结构形式。

11.3.4 盐渍土用作路基填料,与路基的稳定有密切的关系,以往由于施工中对填土要求不严,教训很深。由于填土的不同含盐量和含盐性质对路基稳定性的影响差异很大,不同的气候区和不同的水文、水文地质条件下,盐渍土作为路基填料的可用性也不一样;同时路堤不同层位(路床、上路堤、下路堤)的填土对路基稳定性的影响有所不同;不同等级的公路对路基的稳定性、耐久性要求也应有所区别。

因此,盐渍土用作路基填料的可用性,按氯盐及亚氯盐渍土、硫酸盐及亚硫酸盐渍土不同含盐性质以及不同公路等级、不同层位分别进行控制。在设计上对填料含盐量的控制应遵循以下几个原则:①对高等级公路路床 0 ~0.80m 的填土从严控制;②对硫酸盐和亚硫酸盐渍土从严控制;③对粉、黏粒填土从严控制,隔断层以上填土严格控制;④受毛细水或地下水影响时控制从严。

11.4 盐渍土地区低路堤排水

11.4.1 ~11.4.3 盐渍土严重的区域一般地势低平,地表及地下水排泄不畅、流速缓滞,易汇集在路基坡脚影响路基。盐渍土地区公路应设置完善、通畅的排水系统,因地制宜,合理设置深挖边沟(排水沟)、排碱渠、蒸发池、排水垫层等排水设施,保证路堤稳定,防治盐渍土路基病害。